Wissenschaftsstadt Darmstadt (Hrsg.)

DIE RUSSISCHE KAPELLE

in Darmstadt

Deutscher Kunstverlag München Berlin

edition

EINLEITUNG

Inge Lorenz

Die Russische Kapelle auf der Darmstädter Mathildenhöhe erstrahlt nach fast vierjähriger Sanierung und Restaurierung in den Jahren 2004–07 wieder in neuem Glanz. Die umfassende Wiederherstellung dieses bedeutenden Baudenkmals und Wahrzeichens ist Anlass zur Herausgabe dieses Buches, das einen knappen, fundierten Überblick über die Bau- und Renovierungsgeschichte und die Ausstattung der Kirche bietet sowie diese in ihren historischen und topographischen Kontext stellt.

Zum Zeitpunkt der Gründung der Künstlerkolonie 1899 und ihrer ersten Ausstellung 1901 war dieses historisierende und prunkvolle Kirchengebäude, das in den Jahren 1896–99 entstanden war, eine große Herausforderung für die Planer des neuen künstlerischen Aufbruchs. Von Interesse ist deshalb, welche gestalterische und bauliche Entwicklung sich auf dem Gelände über der Stadt im Zuge der Entstehung der Künstlerkolonie vollzogen hat, insbesondere wie Joseph Maria Olbrich als Architekt des Gesamtkunstwerks Mathildenhöhe die Russische Kapelle als bereits vorhandenes Bauwerk integrierte.

Für die Erbauung der kleinen russisch-orthodoxen Kirche in Darmstadt kommt den dynastischen Beziehungen der Häuser Hessen-Darmstadt und Romanow eine wichtige Bedeutung zu. Sie stehen deshalb ebenfalls im Blickpunkt des geschichtlichen Rückblicks. Ohne die enge Verbindung der großherzoglichen Familie mit dem russischen Zarenhaus wäre dieses außergewöhnliche Bauwerk in Darmstadt, zumal an diesem besonderen Ort, wohl kaum entstanden.

Innerhalb der Baugeschichte bildet die Betrachtung der Darmstädter Kapelle im Kontext der in anderen deutschen Städten entstandenen russischen Kirchen dieser Zeit die Grundlage für eine Neubewertung ihres herausragenden baulichen und religiösen Ranges.

Mit diesem Kunstführer liegt erstmals auch eine umfassende Betrachtung der künstlerischen Gestaltung der Mosaiken und Wandmalereien des Gotteshauses und ihres Meisters, dem be-

Russische Kapelle von Nordosten

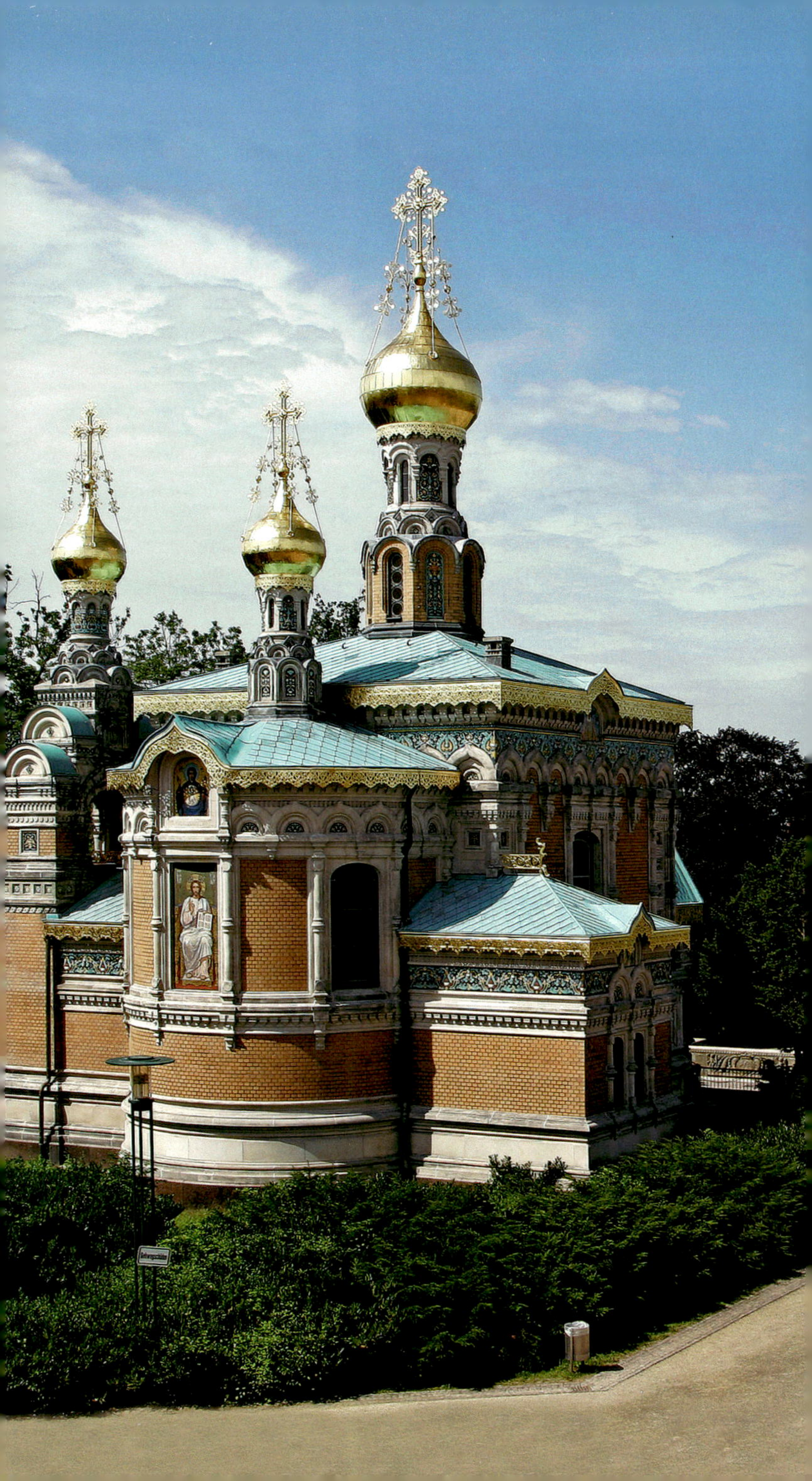

deutenden russischen Künstler Viktor Michajlowitsch Wasnezow (1848–1926), vor sowie eine Einschätzung zur kunstgeschichtlichen Bedeutung der religiösen und dekorativen Malerei der Russischen Kapelle in Darmstadt im Zusammenhang mit der Entwicklung des sogenannten neo-russischen Stils der beiden letzten Jahrzehnte des 19. Jahrhunderts. Ein besonderes Augenmerk gilt dabei auch der ikonografischen Deutung der Motive und der daraus abzuleitenden religiösen Symbolik.

Der Beitrag zu den Außenanlagen der Mathildenhöhe mit ihren wechselhaften Veränderungen vom Landschaftspark des 18. Jahrhunderts zur reformorientierten Landschaftsgestaltung 1901–14, den Umgestaltungen um 1960 bis hin zur bereits erfolgten schrittweisen Wiederherstellung von Teilen der Parkanlage seit Mitte der 1990er-Jahre stellt die Planungen zur Neugestaltung der unmittelbaren Umgebung der Russischen Kapelle in den Mittelpunkt, mit denen die Sanierung des Gotteshauses Ende 2007 abgeschlossen werden konnte.

Der verantwortliche Architekt der Sanierung der Russischen Kapelle auf der Mathildenhöhe dokumentiert in seinem Bericht die durchgeführten drei Baubabschnitte und erläutert in einem Überblick die einzelnen Maßnahmen zur Erneuerung des Gotteshauses.

Dem Gotteshaus und seiner religiösen Bedeutung gilt abschließend der Einblick in die Christianisierung Russlands, die Zeit nach 1917 sowie die Entstehung der Russisch-Orthodoxen Kirche in Deutschland und ihrer heutigen Kirchengemeinde in Darmstadt.

So entfaltet sich ein facettenreiches Gesamtbild dieses außergewöhnlichen Kulturdenkmals auf der Darmstädter Mathildenhöhe. Die Stadt Darmstadt und die russisch-orthodoxe Kirchengemeinde danken dem Kuratorium zur Sanierung der Russischen Kapelle und dem Verein Ehrenamt für Darmstadt für die Unterstützung zur Wiederherstellung des Kulturdenkmals und Gotteshauses sowie dem Land Hessen, der Evangelischen Kirche in Hessen und Nassau, dem Bistum Mainz der Katholischen Kirche, den Darmstädter Rotary-Clubs und den vielen privaten Spenderinnen und Spendern für ihr finanzielles Engagement.

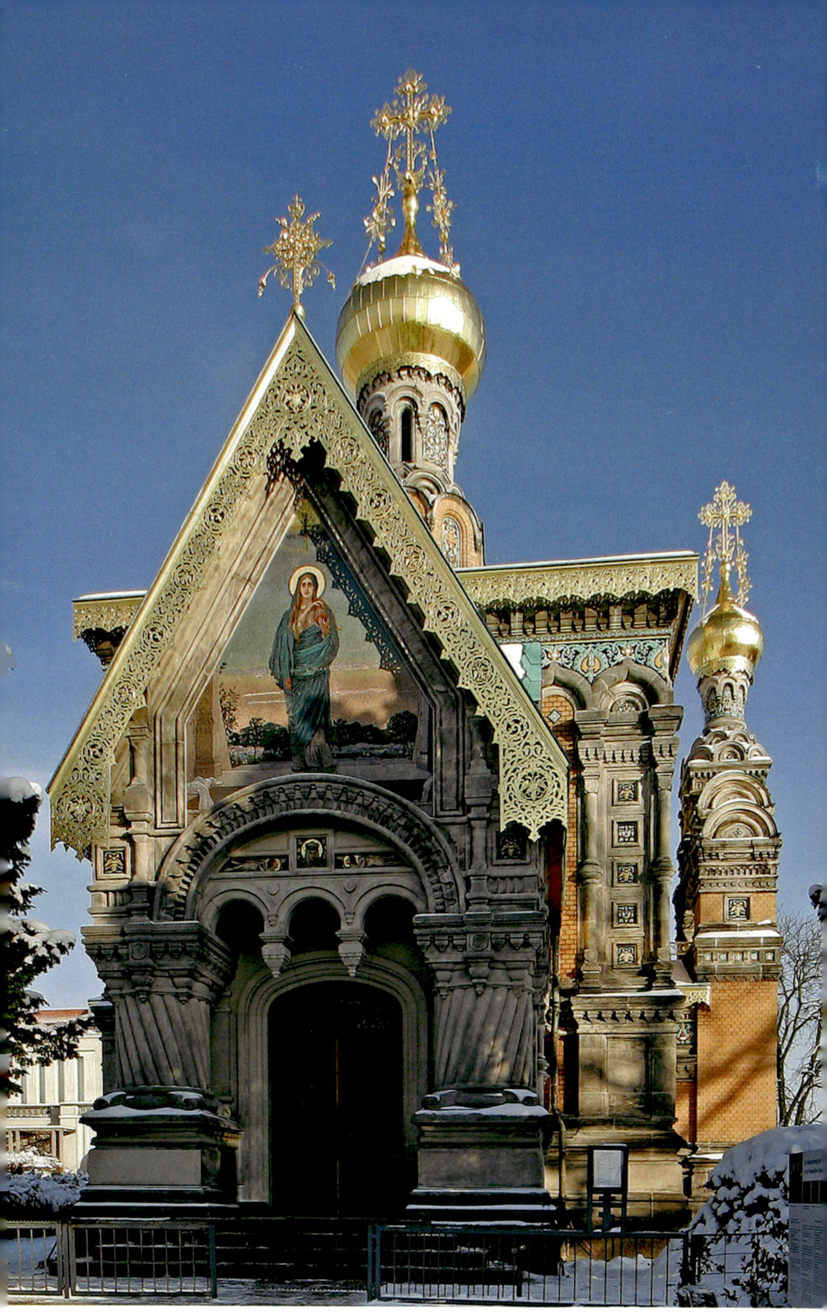

Russische Kapelle von Westen

DIE RUSSISCHE KAPELLE IM KONTEXT DER MATHILDENHÖHE

Renate Ulmer

Mit ihren goldglänzenden Zwiebeltürmen ragt die Russische Kapelle weithin sichtbar aus einer in 200 Jahren gewachsenen Parkanlage. An ihrer Stelle stand ursprünglich ein klassizistisches Landhaus, das Erbgroßherzog Ludwig III. (1806 bis 1877) und seine Gemahlin Mathilde (1813–1862), Tochter des bayerischen Königs Ludwig I., während der Sommermonate bewohnten. Der im Stil eines englischen Landschaftsparks angelegte »Hofgarten« wurde wegen seiner Baumgruppen und seiner romantischen Ausblicke gerühmt. Ein Relikt aus jener Zeit ist der dem Kirchenbau benachbarte Platanenhain. Nach der 1862 verstorbenen Großherzogin hat sich schließlich für die Parkanlage der Name »Mathildenhöhe« eingebürgert.

Auf ihrer höchsten Erhebung wurde 1880 das städtische Wasserreservoir installiert: Um das technische Bauwerk in den Park zu integrieren, verbarg man den Hochbehälter unter einer bepflanzten Erdabdeckung und baute ihn zur Aussichtsplattform aus. Das ausgehende 19. Jahrhundert brachte noch weitere Veränderungen: Der wachsenden Ausdehnung der Stadt Rechnung tragend, gab Großherzog Ernst Ludwig (1868–1937) den einstigen Hofgarten zur Bebauung frei. Das nach dem Abriss des Landhauses frei gewordene Grundstück überließ Ernst Ludwig seinem Schwager, dem Zaren Nikolaus II. (1868–1918), zur Errichtung der Russischen Kapelle. 1899 eingeweiht, fügte sich der vom St. Petersburger Hofarchitekten und Akademie-Professor Louis Benois (in der russifizierten Form Leontij Nikolajewitsch Benois, 1856–1928) entworfene Sakralbau in seiner reichen Gliederung und Polychromie perfekt in den immer noch malerisch anmutenden Park ein. Nicht unwesentlich zu diesem Eindruck trug die gärtnerische Gestaltung der Außenanlage bei, zu der ursprünglich auch eine Holzhütte im russischen Stil gehörte.

Als im Mai 1901 die heute legendäre erste Ausstellung der Künstlerkolonie ihre Pforten öffnete, bedeutete dies für die

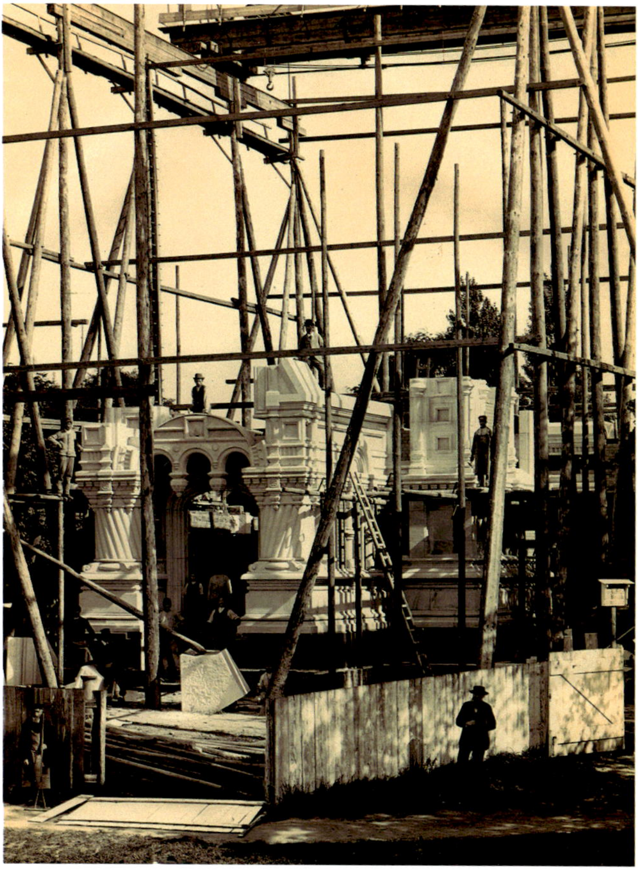

Russische Kapelle im Bau, 1898

Mathildenhöhe den Beginn einer neuen Ära: Das verträumte Ausflugziel der Darmstädter wurde zum Wallfahrtsort eines internationalen, kunstinteressierten Publikums. Mit der Ansiedelung der vom Großherzog gegründeten Künstlergemeinschaft veränderte sich der Charakter der Mathildenhöhe und damit auch das unmittelbare Umfeld der Russischen Kapelle sukzessive: Im Rahmen des ersten Bauabschnitts, für den der Architekt

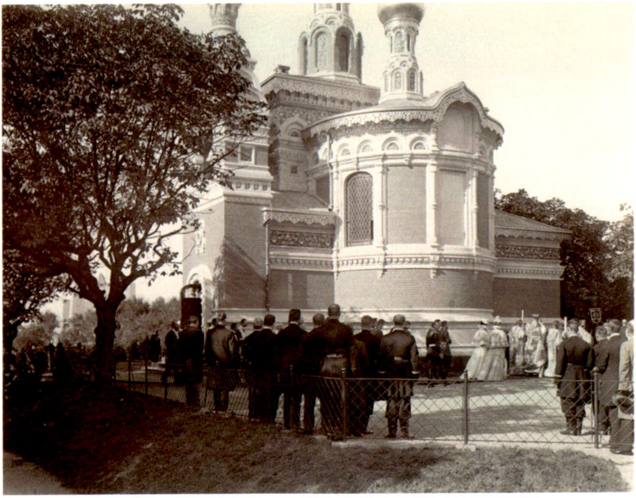

Russische Kapelle, Einweihung am 26. September 1899

Joseph Maria Olbrich (1867–1908) den Gesamtplan ausgearbeitet hatte, wurde 1901 am höchsten Punkt des Südhangs das Ateliergebäude der Künstlerkolonie errichtet (Ernst-Ludwig-Haus, heute Museum Künstlerkolonie Darmstadt). Eine breite Freitreppe führt hinunter zum damals neu angelegten Alexandraweg, benannt nach der letzten russischen Zarin Alexandra Feodorowna (1872–1918), der Schwester von Großherzog Ernst Ludwig. Wie Perlen an einer Schnur reihen sich hier die Wohnhäuser, die zur erwähnten (Bau-)Ausstellung »Ein Dokument deutscher Kunst« für die Künstler und Architekten Joseph Maria Olbrich, Ludwig Habich und Peter Behrens sowie für Bauherren wie den Möbelfabrikanten Heinrich Julius Glückert gebaut wurden. Nicht jedes dieser Häuser bewahrte seine ursprüngliche Gestalt, und auch die ursprünglich als »Forum« angelegte Südhangbebauung mit ihrer klaren freiraumplanerischen Konzeption ist heute nur noch rudimentär erkennbar. Inmitten der damals als irritierend modern empfundenen kleinen Mustersiedlung musste die pittoreske Russische Kapelle wie ein Nachhall der historistischen Bautradition wirken. Gleichwohl stellte ihre Einbindung

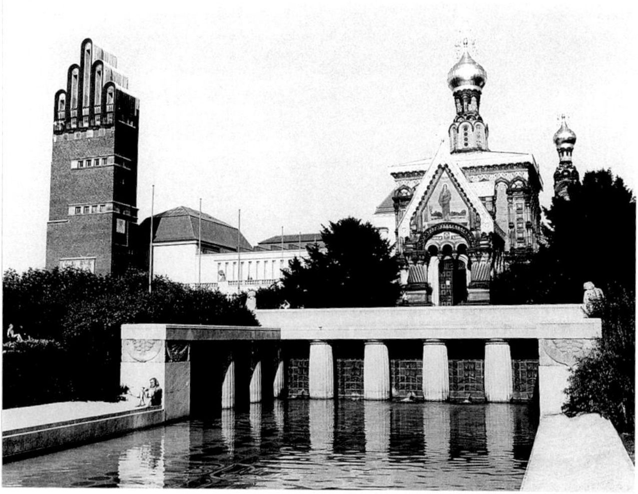

Russische Kapelle, ca. 1980

in das entstehende Jugendstil-Ensemble eine besondere Herausforderung dar, der sich die Architekten der Künstlerkolonie bereitwillig stellten.

So schuf Olbrich eine gezielte Überleitung zwischen dem Kirchenbau und dem 1905–08 auf dem ehemaligen Aussichtsplateau errichteten Städtischen Ausstellungsgebäude, indem er die Treppenanlage durch einen vorgelagerten Pavillon akzentuierte. Mit seinem quadratischen Grundriss, dem Pyramidendach und dem Mosaikschmuck steht diese Bauform in auffälligem Bezug zu den häufig anzutreffenden Baldachinbauten vor russisch-orthodoxen Kirchen wie zum Beispiel der Basiliuskathedrale auf dem Roten Platz in Moskau. Ein weiteres Bindeglied zwischen Tradition und Moderne wird in dem scheibenartigen Glockenturm der Russischen Kapelle erkennbar, dessen kupfergedeckter Staffelgiebel – zur zeichenhaften Bauform gesteigert – in Olbrichs berühmtem Hochzeitsturm wiederkehrt.

Nicht nur die Kulisse der Russischen Kapelle veränderte sich durch die Impulse der Künstlerkolonie, auch der Vorplatz wurde einer Neugestaltung unterzogen. Zur letzten Ausstellung der

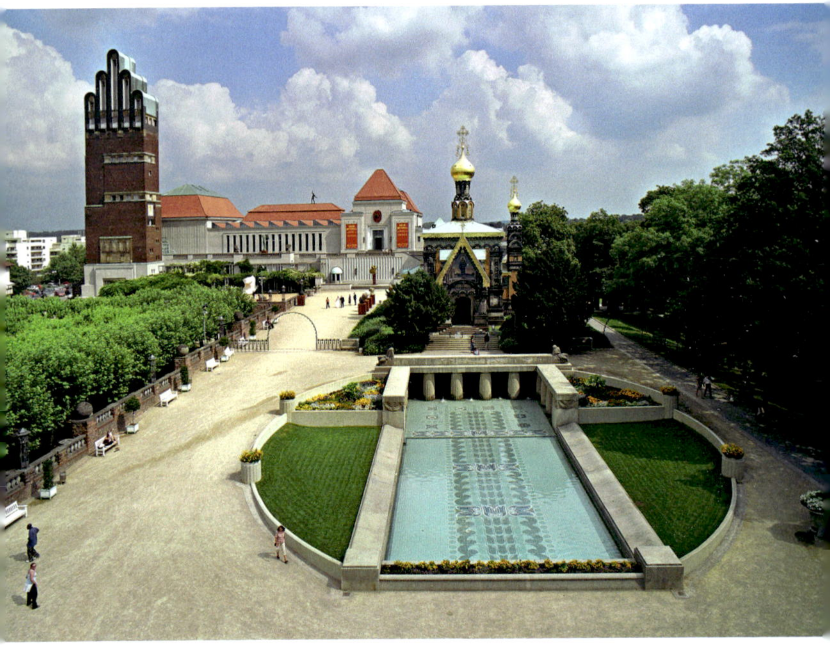

Mathildenhöhe, 2002

Künstlerkolonie, die 1914 auf der Mathildenhöhe stattfand, griff Albin Müller (1871–1941) die Idee Olbrichs auf, das vom Anfahrtsweg zur Kapelle gesäumte runde Rasenstück in eine Brunnenanlage zu verwandeln. Auch Müller legte bei seinen Planungen Wert darauf, Bezüge zu den Besonderheiten des Sakralbaus herzustellen: So nehmen die farbigen Keramikfliesen des Wasserbeckens die Polychromie seiner Fassaden auf. Außerdem gestaltete Müller die Zuflüsse so, dass der Eindruck entsteht, das Wasser ergieße sich aus dem geweihten Grund und Boden des Gotteshauses in das Bassin. Gerade auch die nächtliche Beleuchtung dieser Szenerie evoziert jene spezifische Atmosphäre, welche die Mathildenhöhe zu einem viel zitierten »magischen Ort« macht.

HESSEN UND DIE ROMANOWS – ZUM HISTORISCH-FAMILIÄREN UMFELD DER RUSSISCHEN KAPELLE

Eckhart G. Franz

Weithin strahlende Goldkuppeln – ähnlich der Russischen Kapelle auf Darmstadts Mathildenhöhe – zeigen auch die älteste russisch-orthodoxe Kapelle im deutschen Südwesten auf dem Neroberg in Wiesbaden sowie die vielleicht als Vorbild wirkende Kapelle am Zarenpalast in Zarskoje Selo. Der vielfach als »griechische Kapelle« bezeichnete Bau in Wiesbaden war Gedenkstätte und Grablege für Herzogin Elisabeth von Nassau, Tochter des Zaren-Bruders Großfürst Michael von Russland. Diese verstarb im Alter von 18 Jahren Anfang 1845, ein Jahr nach der Eheschließung, bei der Geburt des ersten Kindes. Schon im Jahr zuvor war in St. Petersburg ihre nur wenige Monate ältere Cousine Alexandra, die mit Landgraf Friedrich Wilhelm, dem präsumtiven Thronerben der kurfürstlichen Linie des Hauses Hessen, verheiratete Tochter Kaiser Nikolaus' I., ebenfalls im Kindbett verstorben, noch vor der krankheitshalber verschobenen Heimführung nach Hessen. An sie erinnert nur der großzügig dem verzweifelten jungen Witwer überlassene prunkvolle Brautschatz aus Gold, Silber und Porzellan, reizvoll-trauriger Gegenstand einer Ausstellung über »Die Mitgift einer Zarentochter«, die vor einigen Jahren vom Haus Hessen gezeigt wurde.

Zu Beginn des Jahres 1855, in dem die Wiesbadener Kapelle fertiggestellt und geweiht wurde, war der russische Kaiserthron an Alexander II. gefallen, der seinerseits seit 1841 mit einer hessischen Prinzessin verheiratet war: der damals erst 16-jährigen Marie Maximiliane von Hessen und bei Rhein aus Darmstadt. Die russischen Zaren hatten sich ihre Frauen schon seit dem 18. Jahrhundert vorzugsweise unter den Töchtern der evangelischen deutschen Fürsten gesucht, bei denen der gewünschte Übertritt zur orthodoxen Kirche leichter zu erwirken war als bei den römisch-katholischen Dynastien. Am bekanntesten wurde die mit Zar Peter II. verheiratete Sophie von Anhalt-Zerbst (1729 – 1796), die als Zarin Katharina die Große in die Geschichte einging. Ihr Sohn Paul I. (1754–1801) heiratete nach dem unglücklich-frühen Tod seiner ersten Frau Wilhelmine/Natalie von Hessen-Darmstadt (1755–1776) eine Württemberger Prinzessin. Pauls Nachfolger Alexander I. (1777–1825), der letztlich siegreiche Antagonist Napoleons, ehelichte Elisabeth von Baden (1779–1826), die Schwester der Darmstädter Großherzogin Wilhelmine (1788 bis 1836), deren Mutter wiederum aus Darmstadt stammte. Alexanders jüngerer Bruder Nikolaus I. (1796–1855) heiratete eine preußische Prinzessin, die gleich zwei Hessen-Darmstädter Großmütter hatte.

Zum Gedächtnis der Kaiserin Marie oder Marija (1824–1880) wurde zu Füßen des Ölbergs in Jerusalem das Maria-Magdalenen-Kloster errichtet, das 1888 im Beisein ihres Sohnes Sergej und seiner aus Darmstadt stammenden Nichte und Ehefrau Elisabeth geweiht wurde. Marie war mit ihrer Familie, insbesondere den jüngeren Söhnen, mehrfach zu Besuch in die hessische Heimat gekommen. Hier war man zumeist auf Schloss Heiligenberg an der Bergstraße, oberhalb von Jugenheim, zu Gast, das Mutter Wilhelmine als persönliches Reduit gekauft und dem jüngeren Bruder Maries, dem als Begründer der Familie Battenberg/Mountbatten bekannten Alexander (1823–1888) vererbt hatte. Mit dem Bau der Eisenbahn waren die Reisen im kaiserlichen Sonderzug weniger problematisch als zu Zeiten der »Großen Landgräfin« Karoline, die 1773 auf ihrer legendären »russischen Reise« zur Verheiratung der Tochter in St. Petersburg – teils per Kutsche, teils per Segelschiff – viele Wochen unterwegs war.

Die Russische Kapelle in Darmstadt ist jedoch erst für den letzten regierenden Romanow-Zaren Nikolaus II. errichtet worden. Wie Maries Mutter Wilhelmine verfügte auch Großherzogin Alice von Hessen (1843–1878), die mit Großherzog Ludwig IV. (1837–1892) verheiratete Tochter Königin Victorias von England, dass ihre Töchter nicht gegen den eigenen Willen verheiratet werden, sondern sich selbst frei und ihrer Neigung folgend für einen Ehepartner entscheiden sollten. Das hatte für die Ehe Alexanders II. mit Marie gegolten, obwohl die chronische Lungenkrankheit der Zarin hier in späteren Jahren zur Entfremdung führte. Es galt dann ebenso für die späteren russischen Verbindungen

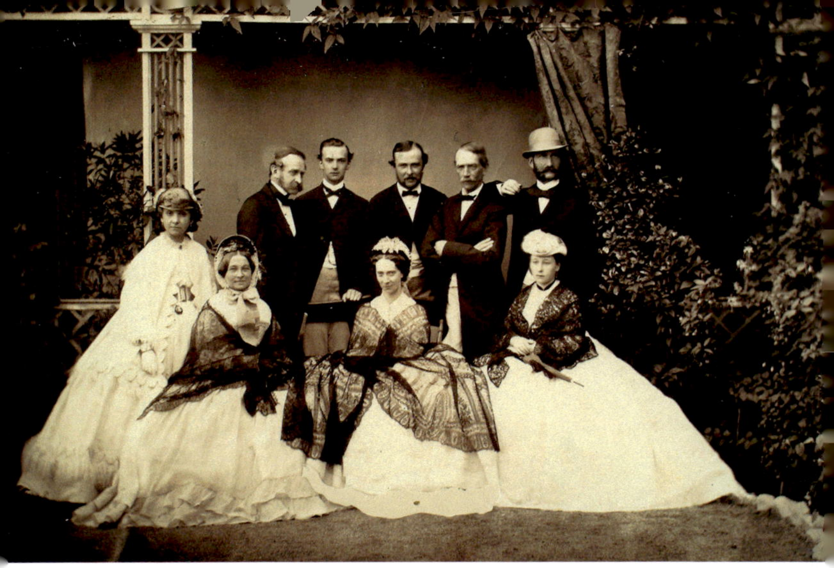

Russischer Verwandtenbesuch: Kaiser Alexander II. (hinten 2. von rechts) und Kaiserin Marie (Mitte) bei den hessisch-battenbergischen Verwandten auf Schloss Heiligenberg, 1864

der Darmstädter Prinzessinnen gegen Ende des Jahrhunderts, die vor allem von der immer wieder als Ehestifterin wirkenden Großmutter Victoria in London nur ungern gesehen wurden.

Die bereits erwähnte Tochter Elisabeth oder »Ella« (1864 bis 1918), die zweitälteste und nach den Bildern schönste der Hessen-Prinzessinnen, hatte 1884, einige Jahre nach dem frühen Tod der Mutter Alice, ihren Onkel Großfürst Sergius (Sergej) von Russland geheiratet, den zweitjüngsten Sohn Zar Alexanders II. und Maries, der nach dem Urteil seines Schwagers, des letzten Darmstädter Großherzogs Ernst Ludwig, besser war als sein Ruf in der Geschichte. Die Ehe blieb kinderlos. Nachdem Sergej als Gouverneur von Moskau im Gefolge der Unruhen des Jahres 1905 einem Bombenattentat zum Opfer gefallen war, sollte sich Ella ganz ihrem von Mutter und Großmutter übernommenem sozialen Engagement zuwenden. Im Mittelpunkt stand dabei das von ihr begründete Maria- und Martha-Kloster der Barmherzigen Schwestern in Moskau mit dem angeschlossenen Klosterkrankenhaus, in dem die Großfürstinwitwe später selbst den Schleier genommen hat.

Alix (1872–1918), die jüngste der Darmstädter Schwestern, hatte schon bei Ellas Hochzeit 1884 eine erste Zuneigung zum St. Petersburger Vetter Nikolaus (1868–1918) gefasst, dem Sohn und Thronfolger Zar Alexanders III. Als ihr Bruder Ernst Ludwig (1868–1937), seit dem Tod des Vaters 1892 regierender Großherzog in Darmstadt, im April 1894 in Coburg – diesmal tatsächlich von der unermüdlichen gemeinsamen Großmutter Victoria eingefädelt – seine erst 17-jährige Cousine Victoria Melita (1876–1936) heiratete, wurde die Frage erneut akut. Melitas Vater Alfred oder »Affie«, als jüngerer Sohn der Queen zunächst Herzog von Edinburgh, erst seit Kurzem im Erbgang zum Herzog von Sachsen-Coburg-Gotha avanciert, war mit der russischen Großfürstin Marie (1853–1920), der Tochter der gleichnamigen Zarin und Schwester Sergejs, verheiratet. So waren bei der als europäisches Familienfest gefeierten »Coburger Hochzeit« neben den Verwandten aus London und Berlin auch zahlreiche Petersburger Gäste zugegen. Auf den oft reproduzierten Fotos erkennt man neben Queen Victoria und ihrer ältesten gleichnamigen Tochter (»Vicky«), als Witwe des Deutschen Kaisers Friedrich III. ebenfalls im schwarzen Habit, deren Sohn Kaiser Wilhelm II. Vetter »Willy« hat in der Hoffnung auf verbesserte Beziehungen zu Russland nach eigenem Bekunden maßgeblich daran mitgewirkt, die Bedenken der Großherzogs-Schwester Alix gegen die Konversion zum orthodoxen Glauben zu zerstreuen. So konnte nach der Abreise des Hochzeitspaares noch gemeinsam die erstrebte Verlobung des Zarewitsch Nikolaus (in der Familie »Nicky« genannt) mit der Base Alix gefeiert werden.

Das Brautpaar reiste von Coburg zunächst zu einem Geschwistertreffen nach Darmstadt, um im Mausoleum auf der Rosenhöhe die »virtuelle« Zustimmung der Brauteltern einzuholen, und kehrte dann noch einmal nach Coburg zurück. Die an sich für das folgende Frühjahr vorgesehene Hochzeit musste vorgezogen werden. Schon im Herbst 1894 wurde Alix telegrafisch in die Sommerresidenz der Zaren auf der Krim gerufen, wo ihr künftiger Schwiegervater, Zar Alexander III. (1845–1894), im Sterben lag. Mit der Zarenfamilie fuhr sie – seit der am Tag nach dem Tod des kaiserlichen Schwiegervaters formgerecht zelebrierten Aufnahme in die orthodoxe Kirche »Großfürstin Alexandra

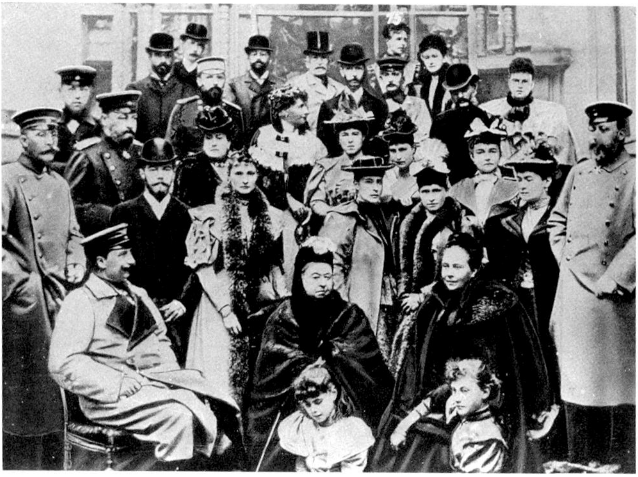

Die europäische Großfamilie bei der »Coburger Hochzeit«, 1894

Fjodorowna« – im Trauerkonvoi nach St. Petersburg. Die mit Unterbrechung der festgelegten Hoftrauer auf den 26. November festgelegte Trauung war trotz der düsteren Umstände nach Augenzeugenberichten »eindrucksvoll« und »ergreifend«. Der Neubeginn mit der auf lieb gewordene Vorrechte pochenden Kaiserinwitwe Marie oder »Minnie« (1847–1928), die als geborene Prinzessin Dagmar von Dänemark nicht eben deutschfreundlich war, brachte Probleme, auch wenn Schwester Ella bei der Einrichtung zu helfen suchte.

Die nach der ersten Schwangerschaft der Zarin im November 1895 geborene Tochter Olga war nicht der erhoffte Thronfolger. Auch der Ausbruch einer Massenpanik bei den Moskauer Krönungsfestivitäten im Folgejahr galt als schlechtes Omen. Die erste Staatsreise des jungen Kaiserpaars nach London und Paris im Herbst 1896 endete mit einem als Entspannung gedachten Privatbesuch bei den Darmstädter Verwandten. Großherzog Ernst Ludwig und sein gleichaltriger russischer Schwager waren rasch persönliche Freunde geworden. Einen Misston brachte der halboffizielle Besuch des aus Wiesbaden angereisten kaiserlichen Vetters Wilhelm in der festlich geschmückten Residenz am

Woog. Bösartige Bemerkungen gegenüber seiner Entourage machten deutlich, dass sich die Hoffnung auf eine politische Instrumentalisierung der neu geknüpften Familienbeziehung nach St. Petersburg als Illusion erweisen sollte.

In Darmstadt hat man wohl schon damals den Plan gefasst, für künftige Besuche der Zarenfamilie eine eigene, russische Kapelle zu errichten, vielleicht angeregt durch die Einladung nach Bad Homburg. Dort hatte das Kaiserpaar am 16. Oktober 1896 der Grundsteinlegung der von Staatsrat Alexander Proworoff für die russischen Kurgäste des Modebads gestifteten Kapelle beigewohnt. Programmpunkte beim nächsten Besuch der Romanows in Darmstadt im Herbst 1897 waren der gemeinsame Empfang des Königs Chulalongkorn von Siam, der auf seiner Europareise nach Darmstadt kam, und des Fürsten Nikita von Montenegro, dessen Tochter der Battenberg-Vetter Franz Joseph geheiratet hatte, vor allem aber die auf den engeren Familienkreis beschränkte Grundsteinlegung der Kapelle auf der Mathildenhöhe, die (wie in Homburg im Vorjahr) am 16. Oktober stattfand. Der mit der Planung betraute St. Petersburger Architekt Louis (Leontij) Benois, der auch die Homburger Kapelle entworfen hatte, konnte neben seinen Entwürfen bereits einen probeweise aufgestellten Pfeiler des künftigen Baus präsentieren.

Im Herbst 1899 – im Juni hatte Zarin Alexandra ihre dritte Tochter Marie geboren – führte die Urlaubsreise der kaiserlichen Familie zunächst mit den Kaiser-Yachten »Polarstern« und »Standart« durch die Ostsee nach Kiel, wo man Alix' ältere Schwester Irene und ihren Mann, den dort als Admiral stationierten Prinzen Heinrich von Preußen, besuchte. Anschließend kamen Zar Nikolaus und seine Familie erneut für einige Wochen zu den hessischen Verwandten nach Schloss Wolfsgarten. Zu Gast in der großherzoglichen Sommerresidenz waren gleichzeitig auch die Söhne des Großfürst-Onkels Wladimir, darunter der 22-jährige Kyrill (1876–1938), späterer russischer Kronprätendent, dessen Beziehung zu Cousine Victoria Melita zwei Jahre später zur Scheidung ihrer Ehe mit Großherzog Ernst Ludwig führen sollte. Gemeinsam wurde am 8. Oktober 1899 die Weihe der inzwischen bis auf die Ausmalung und die Mosaiken fertiggestellten Kapelle auf der Mathildenhöhe gefeiert, die wie die Kirche in

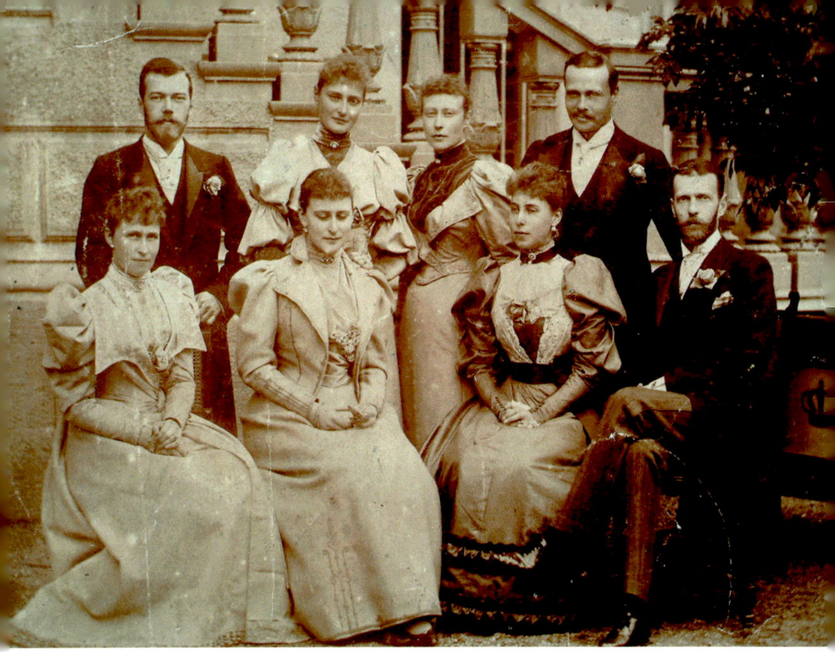

Das frisch getraute Großherzogspaar Ernst Ludwig und Victoria Melita mit den Schwestern des Großherzogs und den russischen Schwägern Nikolaus und Sergej im Garten des Neuen Palais in Darmstadt, 1894

Jerusalem den Namen Maria Magdalenas trug. Mit Professor Benois wurden auch der in Darmstadt bauleitende Architekt Friedrich Ollerich und der Bauunternehmer Ludwig Riedlinger mit russischen Orden ausgezeichnet. Für alle am Bau Beteiligten gab es, wie das Darmstädter Tagblatt am Folgetag berichten konnte, ein Festessen im Hotel »Zur Traube«. Bei der Einweihung der ebenfalls fertiggestellten Kapelle in Bad Homburg im Beisein der Kaiserinwitwe Vicky kurz zuvor, am 22. September, musste diesmal ein Glückwunschtelegramm des Zaren genügen.

Sollte die Bad Homburger Kapelle wie die etwas älteren Kapellen in Bad Ems (1876) und Baden-Baden (1882) vorrangig den russischen Kurgästen dienen, so war die Kapelle auf der Darmstädter Mathildenhöhe in unmittelbarer Nachbarschaft der inzwischen bereits geplanten Künstlerkolonie zunächst ausschließlich Privatkapelle für die kaiserliche Familie und blieb dies bis zum Ende der Monarchie 1917/18. Ein Höhepunkt ihrer Geschichte war zweifellos die Anfang Oktober 1903 gefeierte

Hochzeit des Prinzen Andreas von Griechenland (1882–1942), Sohn König Georgs I., und seiner Frau, der russischen Großfürstin Olga Konstantinowa (1851–1926), mit Prinzessin Alice, der ältesten Tochter aus der Ehe Ludwigs von Battenberg mit Victoria von Hessen, die Großherzog Ernst Ludwig als europäisches Familienfest inszenierte. Da der Bräutigam griechisch-orthodox war, folgte auf die evangelische Trauung in der Schlosskapelle die orthodoxe auf der Mathildenhöhe. Die beim Verlassen der Russischen Kapelle gemachten Fotos werden seltener reproduziert als die später auf der Terrasse des Neuen Palais aufgenommenen Bilder der erlauchten Hochzeitsgesellschaft, deren Mittelpunkt die Familie Kaiser Nikolaus' II. mit ihren mittlerweile vier Töchtern und ihrer Darmstädter Cousine Elisabeth bildet, dem von den Darmstädtern geliebten »Prinzesschen«, das auf dem anschließenden Jagdbesuch im polnischen Skierniwice einer Typhuserkrankung zum Opfer fiel.

Die Zarenfamilie, deren Leben zunehmend von der unheilbaren Bluterkrankheit des 1904 geborenen Thronfolgers Alexej belastet wurde, ist dann nur noch einmal, im Herbst 1910, nach Darmstadt gekommen. Hauptanlass war eine Kur der Zarin in Bad Nauheim, für die man das Schloss im benachbarten Friedberg als standesgemäße Residenz neu hergerichtet hatte. Dies war eine Gelegenheit zum näheren Kennenlernen der inzwischen geborenen Söhne Georg und Ludwig aus der zweiten Ehe Ernst Ludwigs mit Eleonore von Solms, deren Familie man im oberhessischen Lich besuchte. Anschließend kam die kaiserliche Familie Ende Oktober noch für knapp drei Wochen nach Wolfsgarten und fuhr von hier aus sonntags zum Gottesdienst in die Kapelle. Auf den Fotos fällt neben dem uniformierten Zaren vor allem Schwester Ella ins Auge, die inzwischen den grauen Nonnenhabit trug. Kurz vor der Abreise erschien auch Kaiser Wilhelm, dem der Zar in Potsdam Visite gemacht hatte, noch einmal zu einem Gegenbesuch in Wolfsgarten.

Drei Jahre später war man im Ersten Weltkrieg, an dem auch die gelegentlich mystifizierten Vermittlungsversuche Großherzog Ernst Ludwigs und die mithilfe des Roten Kreuzes fortgesetzten Briefkontakte der Hessen-Schwestern nichts ändern konnten. Nach dem revolutionären Umsturz 1917 wurde die

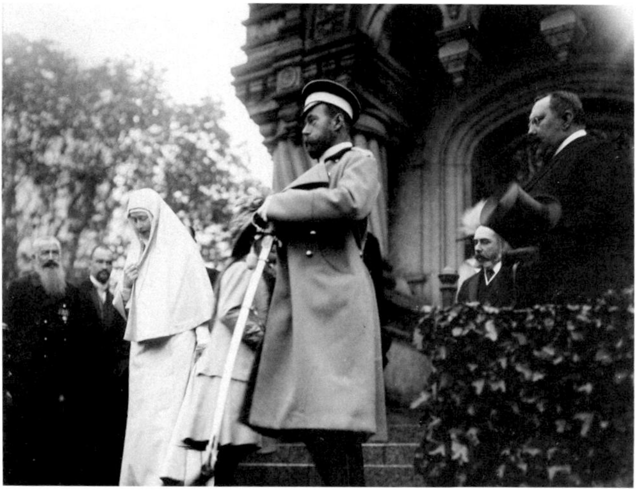

Kaiser Nikolaus II. und seine Schwägerin Großfürstin Elisabeth (in Nonnentracht) beim Verlassen der Russischen Kapelle auf der Mathildenhöhe, 1912

Zarenfamilie zunächst in Zarskoje Selo, dann im sibirischen Tobolsk und schließlich in Jekaterinburg interniert, wo sie am 16. Juli 1918 im Auftrag des nunmehr bolschewistischen Revolutionsregimes ermordet wurde. Am Folgetag kam auch Schwester Ella mit anderen Mitgliedern der Zarenfamilie in einem Bergwerksschacht bei Alapajewsk zu Tode. Der von Ellas Beichtvater Serafim organisierte, abenteuerliche Transport ihres Leichnams über Kirkutsk und Peking nach Palästina, wo sie Ende Januar 1921 im Beisein ihrer aus England angereisten Schwester Victoria, die inzwischen Mountbatten hieß, in der 1888 zum Gedächtnis ihrer Großmutter geweihten Maria-Magdalenen-Kirche am Ölberg beigesetzt wurde, ist oft beschrieben worden. Genau ein Jahrhundert nach der Weihe, am 3. August 1988, sollte auch Ellas 1969 verstorbene Nichte Alice von Griechenland (1885–1969) neben dem Katafalk ihrer inzwischen von der orthodoxen Kirche heilig gesprochenen Tante, der sie in ihrem geistlich-sozialen Einsatz nachgeeifert hatte, in der Maria-Magdalenen-Kirche in Jerusalem ihre letzte Ruhe finden.

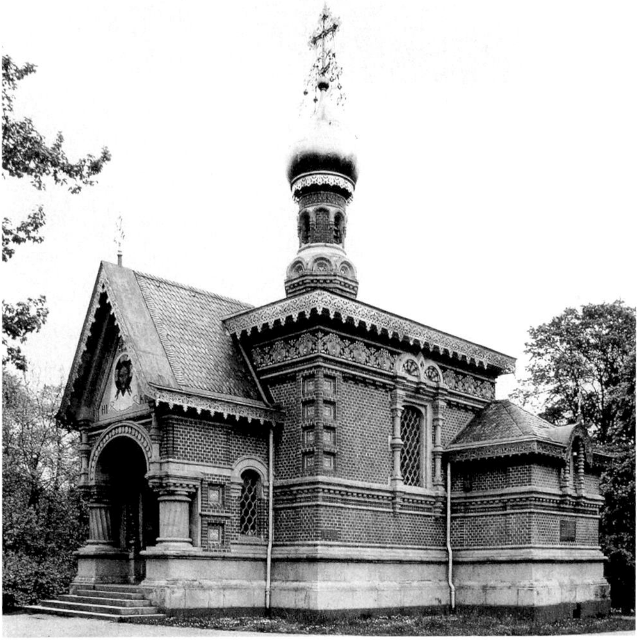

Die russisch-orthodoxe Kirche in Bad Homburg v.d. Höhe

Die nach dem Ende des Kommunismus in Jekaterinburg geborgenen Überreste der kaiserlichen Familie ruhen inzwischen in der Familiengruft der Peter-und-Paul-Festung in St. Petersburg. Dorthin hat man aus Coburg in den letzten Jahren den zum Prätendenten der Romanows bestimmten Großfürsten Kyrill (1876–1938), seine Frau Victoria Melita (1876–1936) und im September 2006 auch die in ihrer dänischen Heimat verstorbene Kaiserinwitwe Marie (1847–1928), die Mutter Nikolaus' II., überführt. In der Darmstädter Kapelle, die heute als Gemeindekirche für russische Emigranten und ihre Nachkommen dient, bleibt nur die bildliche Erinnerung an die Stifterfamilie.

Landgraf Ludwig IX. v. Hessen-Darmstadt reg. 1768 (†1790) ⚭ Karoline v. Pfalz-Zweibrücken (†1774)

Prinz Georg Wilhelm v. H.-D. (†1782)

Friederike († 1805) ⚭ Kg. Friedr. Wilhelm II. v. Preußen (†1797)

Großherzog Ludewig I. reg. 1790/1806 (†1830) ⚭ Luise v. H.-D.

Amalie († 1832) ⚭ Markgraf Karl Ludwig v. Baden (†1801)

Friederike (†1782) ⚭ Herzog Karl v. Mecklenburg-Strelitz

Kg. Friedrich Wilhelm III. v. Preußen (†1840) ⚭ Luise v. Mecklenburg-Strelitz (†1810) →

Großherzog Ludwig II. reg. 1830 (†1848) ⚭ Wilhelmine v. Baden (†1836)

Luise/Elisabeth (†1826) ⚭ Ks. Alexander I. v. Russland (†1825)

Luise v. Mecklenburg-Strelitz (†1810) ←

Charlotte/Alexandra v. Preußen (†1860) ⚭ Ks. Nikolaus I. v. Russland (†1860)

Großherzog Ludwig III., reg. 1848 (†1877) ⚭ Mathilde von Bayern (†1862)

Prinz Karl v. H. (†1877) ⚭ Elisabeth v. Preußen (†1885)

Marie Maximiliane v. H. (†1880) ⚭ Ks. Alexander II. v. Russland, reg. 1860 (†1881) ←

Ks. Alexander II. v. Russland reg. 1860 (†1881) →

Großherzog Ludwig IV. reg. 1878 (†1892) ⚭ Alice v. Großbritannien (†1878)

Ks. Alexander III. v. Russland (†1894) ⚭ Dagmar/Marie/Minnie v. Dänemark (†1928)

Sergej Großfürst v. Russland (†1905) ←

Marie v. R. (†1920) ⚭ Alfred/Affie v. Großbritannien, Hz. v. Sachsen-Coburg-Gotha

---

Victoria v. H. (†1950) ⚭ Ludwig v. Battenberg/Mountbatten, Marquess of Milford Haven (†1921)

Elisabeth/Ella v. H. (†1918) ⚭ Sergej Großfürst v. Russland (†1905) →

Großherzog Ernst Ludwig v. H., reg. 1892–1918 (†1937) ⚭ I. Victoria Melita v. Sachsen-Coburg (†1936) → ⚭ II. Eleonore v. Solms-Lich (†1937)

Ks. Nikolaus II. v. Russland, reg. 1894–1917 (†1918) ⚭ Alix/Alexandra v. H. (†1918)

Victoria Melita v. Sachsen-Coburg (†1936) ← ⚭ II. Kyrill Großfürst v. Russland (†1938)

Alice (†1969) ⚭ Andreas v. Griechenland (†1944)

Georg Donatus (†1937)

Ludwig (†1968)

Olga, Tatjana, Maria, Anastasia, Alexej (alle †1918)

DIE RUSSISCH-ORTHODOXE KAPELLE IN DARMSTADT – EINE BAUGESCHICHTE

Bärbel Herbig

Die Russische Kapelle mit ihren vergoldeten Zwiebelkuppeln und den reich ornamentierten Dachfirsten gehört heute wie selbstverständlich zur Darmstädter Mathildenhöhe und hatte doch mit der Künstlerkolonie ursprünglich nichts zu tun. Lediglich über die Person des letzten Großherzogs Ernst Ludwig (1868–1937), den Förderer der Künstlerkolonie, lässt sich eine Verbindung herstellen, denn er war es, der seinem Schwager Zar Nikolaus II. (1868–1918) das Grundstück auf der Mathildenhöhe zum Bau einer russisch-orthodoxen Kapelle schenkte. Der letzte Russische Kaiser war seit 1894 mit Prinzessin Alix von Hessen und bei Rhein (1872–1918), Ernst Ludwigs jüngerer Schwester, verheiratet und hatte den Wunsch geäußert, bei seinen Besuchen in Darmstadt einen russisch-orthodoxen Gottesdienst in angemessener Räumlichkeit feiern zu können.

Ernst Ludwig überließ ihm ein Grundstück auf der lange als Weinberg genutzten Mathildenhöhe im Osten der Stadt, die Prinz Christian um 1800 als Park anlegen ließ und die später nach Prinzessin Mathilde von Bayern, der Gattin von Großherzog Ludwig III., benannt wurde. Aus dieser Anfangszeit stammt der regelmäßig angelegte Platanenhain. 1880 kam das Wasserreservoir für die Versorgung der Stadt Darmstadt hinzu. Darüber hinaus gab es kleinere Bauten, darunter ein von Georg Moller entworfenens, zweigeschossiges Landhaus, das kurz vor dem Bau der Russischen Kapelle abgerissen worden war.

Am 16. Oktober 1897 wurde der Grundstein für die Russische Kapelle gelegt – ein Ereignis, das zahlreiche Mitglieder des europäischen Hochadels nach Darmstadt rief. Das Darmstädter Tagblatt berichtete in seiner Ausgabe vom 18. Oktober ausführlich über die in russischer Sprache von dem Petersburger Protopresviter und Beichtvater der Zarenfamilie Janyschew, unter Assistenz des aus Wiesbaden dazu berufenen Erzpriesters Protopopoff gehaltenen Feierlichkeiten und zählte auch die prominenten Gäste auf. Anwesend waren neben dem russischen Kaiser und dem Darmstädter Großherzogsspaar zahlreiche in- und ausländische Gäste, darunter Prinz Ludwig von Battenberg (1854–1921) mit seiner Gemahlin Victoria von Hessen und bei Rhein (1863–1950), der ältesten Schwester Ernst Ludwigs, nebst ihrer Tochter Prinzessin Alice (1885–1969), der späteren Prinzessin von Griechenland und Mutter von Prinz Philip, Gemahl von Königin Elisabeth II. von Großbritannien.

Eigens für den Festakt war ein mit kostbaren Stoffen und Teppichen ausgestatteter Pavillon auf dem künftigen Bauplatz der Kapelle errichtet worden, ein Rundbau mit vier vorspringenden Nischen. Die westliche und südliche Nische dienten als Eingang, in der nördlichen waren die Pläne der Kapelle ausgestellt sowie die ausgewählten Baumaterialen zu besichtigen, in der östlichen befand sich der Grundstein mit der in russischer Sprache verfassten, in eine Messingplatte gravierten Urkunde:

»Im Namen des Vaters, des Sohnes und des Heiligen Geistes Amen. 1897 des Monats Oktober 4./16. Tages im dritten Jahr [Anm: nach gregorianischem/julianischem Kalender] der gnadenvollen Herrschaft des Herrschers und Imperators Nikolai II. Alexandrowitsch wurde vollzogen in der würdigsten Anwesenheit die Grundsteinlegung der Orthodoxen Kirche im Namen der apostelgleichen Maria Magdalena unter Mitwirkung nach Gebot des Herrschers und Imperators in der Stadt Darmstadt. Der Bau der Kirche nach Projekt und Aufsicht des Professors der Kaiserlichen Akademien, L. N. Benois, der sich viel Mühe gibt, durch den Architekten G. Jacobi.«

Bei der Grundsteinlegung war auch der Architekt der Kapelle anwesend: Louis (Leontij) N. Benois (1856–1928), Rektor der Akademie der Künste, ein gebürtiger St. Petersburger französischer Abstammung, der sein ganzes Leben in Petersburg verbracht hatte. Benois zählt zu den bedeutenden Vertretern des Historismus in der russischen Architektur. Obwohl römischer Katholik, baute er zahlreiche orthodoxe Kirchen. Zu seinen bekanntesten Bauten zählen die orthodoxe Kathedrale in Warschau und die Regimentskirche der Chevaliers-Garde in Petersburg. Es gelang Benois bei seinen Kirchen und diversen Profanbauten, historische Bauformen zu einem eigenständigen Baustil zu komponieren.

Die Darmstädter Privatkapelle entwarf Benois ganz in der Tradition der russischen Kirchen des 16. Jahrhunderts, im Stil der frühen Jaroslawer Kirchen, mit Vorhalle, Gemeinde- und Altarraum. Mit einer Länge von etwa 20 Metern und einer Breite von 17 Metern war die Privatkapelle gerade groß genug, um der Zarenfamilie Platz zu bieten. Drei mit echt vergoldeten kupfernen Kuppeln versehene Türme bekrönen die Kapelle und prägen das Bild der Mathildenhöhe: Die größere Kuppel erhebt sich über dem Mittelbau, je eine kleinere Kuppel über der östlichen, halbrunden Apsis und dem südlichen Anbau, in dem ehemals sieben Glocken untergebracht waren – heute sind es noch drei. Auf jeder Kuppel steht ein reich verziertes Kreuz.

Wie aus der Inschrift des Grundsteins zu entnehmen ist, hatte Benois den Entwurf der Kapelle ausgearbeitet, die örtliche Bauleitung oblag allerdings ortsansässigen Architekten. Zunächst hatte Gustav Jacobi (1855–1902) die Bauausführung überwacht. Nach dessen Erkrankung übernahm Friedrich Ollerich die Leitung. In die Ausführungsarbeiten waren auch zahlreiche Darmstädter Firmen involviert: Die Baufirma Riedlinger übernahm die Maurerarbeiten, die Schlosserei Emmel die Kunstschmiedearbeiten und die 1876 gegründete Möbelfabrik Glückert die Schreinerarbeiten. Die Majolika-Vertäfelungen, die die Mauerkronen schmücken, stammen von Villeroy & Boch und wurden speziell für die Kapelle angefertigt. Die aus weißem schlesischem Sandstein gearbeiteten, reich profilierten Pilaster, Bögen und Friese wurden von der Berliner Firma Plöger hergestellt. Der Sockel besteht aus schwedischem Granit.

Davon abgesehen lag die künstlerische Leitung und größtenteils auch die Ausführung in den Händen russischer Fachleute. Die meisten Ausstattungsstücke wurden direkt importiert. Die Kosten für die Kapelle beliefen sich auf 400 000 Mark, die aus dem Privatvermögen des Zaren bezahlt wurden.

Die Weihe der Kirche erfolgte nach zweijähriger Bauzeit am 8. Oktober 1899. Die Ausmalung der Kapelle sowie die Mosaikarbeiten waren zu diesem Zeitpunkt noch nicht fertig. Sie wurden erst, weiterhin unter Leitung des Architekten Ollerich, zur sogenannten Battenberg-Hochzeit des Prinzen Andreas von Griechenland mit Alice von Battenberg in der Darmstädter Russischen Kapelle am 7. Oktober 1903 fertiggestellt. Zur Hochzeit war schließlich auch die künstlerische Ausgestaltung der Kapelle, entworfen von Viktor Michajlowitsch Wasnezow, abgeschlossen.

Zur Einweihungsfeier kamen wiederum Zar Nikolaus II. und Zarin Alexandra mit der Familie nach Darmstadt, ähnlich wie zur Grundsteinlegung versammelten sich zahlreiche deutsche und ausländische Fürstlichkeiten. Geweiht wurde die Kirche vom Protopresviter Janyschew, dem Beichtvater des Zaren, was den Charakter einer Hofkapelle des russischen Kaisers in Darmstadt unterstrich. Auch diese Feierlichkeit beschrieb das Darmstädter Tagblatt ausführlich. Es wusste zu berichten, dass Zar Nikolaus II. sich mit der Ausführung des Baues zufrieden zeigte und sich »im Geiste ganz nach Rußland versetzt« fühlte. Ferner berichtete das Tagblatt, dass der Russische Zar im Anschluss an die Einweihungsfeierlichkeiten zu einem Festessen in das Hotel »Zur Traube« einlud, wo Orden und wertvolle Geschenke verteilt sowie Ehrungen und Ernennungen ausgesprochen wurden. Louis N. Benois wurde in diesem Rahmen zum Hofarchitekten ernannt.

1904 wurde die Kirche in die Zuständigkeit des Außenministeriums in Petersburg gegeben, ihr Unterhalt sowie die Bekanntgabe von Gottesdiensten lag in den Händen der russischen Mission in Darmstadt, die kirchliche Betreuung übernahm der Priester aus Wiesbaden. Nach Ausbruch des Ersten Weltkriegs wurde die Kirche – wie das übrige russische Vermögen in Deutschland – unter Zwangsverwaltung gestellt. Bis 1938 blieb allerdings Zar Nikolaus II. im Darmstädter Grundbuch als Eigentümer eingetragen, danach ging die Kapelle in den Besitz der Russisch-Orthodoxen Diözese des orthodoxen Bischofs von Berlin und Deutschland über. 1914 wurde die Kirche geschlossen, alle Edelmetalle, die Glocken und die ursprünglich sieben angebrachten Dachkreuze wurden beschlagnahmt. Infolge der Entfernung der Dacheindeckungen und der Dachrinnen entstanden durch eindringendes Wasser schwere Schäden, die in den 1920er-Jahren nur notdürftig beseitigt wurden.

Wie groß die Schäden im Zweiten Weltkrieg ausfielen, lässt sich nicht eindeutig beziffern. Manfred Knodt erwähnt Glasschäden, möglicherweise waren die Beschädigungen durch Bombenangriffe im Jahr 1944 auch schwerwiegender. 1945/46 wurden die Kriegsschäden notdürftig repariert, 1954/55 folgten umfangreichere Sanierungsarbeiten, nach deren Abschluss die Kirche von Erzbischof Alexander am 24. April des gregorianischen bzw. am 7. Mai des julianischen Kalenders 1955 neu geweiht werden konnte. Umfangreiche Sanierungsmaßnahmen erfolgten in den 1970er-Jahren: Die Fundamente wurden trockengelegt, in die Hauptkuppel ein Eisenring eingezogen, Schäden am Dach und an den drei Türmen beseitigt und die Kuppeln vergoldet. Die Kosten in Höhe von 300000 DM wurden jeweils mit einem Betrag von 50000 DM auch von der Stadt Darmstadt, dem Landesamt für Denkmalpflege, der Evangelischen Kirche in Hessen und Nassau und der Diözese Mainz getragen. Am 23. Oktober 1976 konnte die Russische Kapelle durch die Bischöfe Paul (Russisch-Orthodoxe Kirche) und Lavrentije (Serbisch-Orthodoxe Kirche) wieder geweiht werden. Anlässlich der Wiederweihe nannte Oberbürgermeister Heinz Winfried Sabais die Russische Kapelle das »Juwel in der Stadtkrone«, was sie sicherlich noch heute ist, aber nicht immer gewesen war.

1897, im gleichen Jahr, in dem mit dem Bau der Russischen Kapelle auf der Mathildenhöhe begonnen wurde, entwarf der Architekt Karl Hofmann (1856–1933) einen Bebauungsplan für den ehemaligen Weinberg, in dem er das Areal in Parzellen unterteilte und für eine bürgerliche Bebauung vorsah. Die Russische Kapelle zeichnete Hofmann in seinen Plan ein. Statt Hofmanns Konzept wurde ab 1898 bekanntlich auf der Mathildenhöhe Großherzog Ernst Ludwigs Projekt einer Künstlerkolonie realisiert. Die erste, 1901 von Joseph Maria Olbrich (1867–1908) geplante Ausstellung der Künstlerkolonie unter dem Titel »Ein Dokument Deutscher Kunst« konzentrierte sich auf die Südseite der Mathildenhöhe und ließ die Russische Kapelle quasi westlich liegen. Entlang einer fiktiven, vom Ernst-Ludwig-Haus ausgehenden Achse reihten sich die individuell gestalteteten und doch alle von Olbrich geplanten Künstlerhäuser. Die Achse endete beim Haus für Flächenkunst. Erst die dritte, die Hessische Landesausstellung für freie und angewandte Kunst von 1908, bezog die Russische Kapelle gestalterisch in das Gesamtkunstwerk

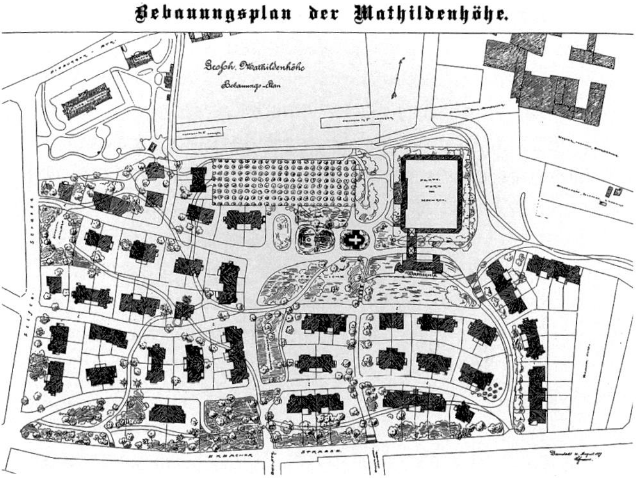

Mathildenhöhe, Bebauungsplan von Karl Hofmann 1897

Mathildenhöhe ein. Mit dem Ausstellungsgebäude und dem Hochzeitsturm entstanden zur Stadt hin orientierte Gebäude, die den Platanenhain, das Wasserreservoir und die Russische Kapelle zu Bestandteilen der Anlage machten. Endgültig band Albin Müller (1871–1941), der für die letzte Ausstellung der Künstlerkolonie 1914 die künstlerische Leitung innehatte, die Russische Kapelle in das Gesamtkonzept ein. Das von ihm vor der Russischen Kapelle entworfene Lilienbecken nimmt mit seinen gedrungenen dorischen Säulen und seinen bunten Ornamentfliesen gestalterischen Bezug auf die Kapelle und verleiht ihr eine zuvor nicht existierende, fast schwebende Leichtigkeit.

Schon ein Jahr bevor in Darmstadt der Grundstein zur Russischen Kapelle gelegt wurde, konnte in Bad Homburg, damals zur Preußischen Provinz Hessen-Nassau gehörend, am 16. Oktober 1896 ebenfalls in Anwesenheit des russischen Zarenpaares die Grundsteinlegung zur russisch-orthodoxen Allerheiligen-Kirche gefeiert werden. Am 22. September 1899 wurde sie eingeweiht – also kurz vor der Darmstädter Kapelle. Initiiert hatten den Bad Homburger Kirchenbau hochrangige russische Persönlichkeiten, die häufig als Gäste in der Kurstadt weilten, vornehmlich der russische Staatsrat A. J. Proworoff. Der Architekt der Kirche war, wie deutlich zu erkennen ist, ebenfalls Louis Benois. Die Bauleitung vor Ort übernahm der ortsansässige Baurat Louis Jacobi (1836–1910). Den Bauplatz, der ähnlich wie in Darmstadt etwas abseits auf einer kleinen Erhebung am Rande des Kurparks liegt, hatte die Stadt Bad Homburg kostenlos zur Verfügung gestellt.

Sowohl die Darmstädter Privatkapelle als auch die Bad Homburger Kurkirche zeugen zusammen mit weiteren ungefähr 22 Kapellen, die Ende des 19. und Anfang des 20. Jahrhunderts in Deutschland entstanden, von der zumeist auf Heiratsverbindungen zurückzuführenden engen Verflechtung der russischen Zarenfamilie mit deutschen Fürstenhäusern wie in Darmstadt, Weimar oder Stuttgart. Sie belegen auch die Beliebtheit deutscher Kurstädte bei Angehörigen der Herrscherfamilie und des nachreisenden russischen Hochadels, so beispielsweise in Wiesbaden, Bad Homburg, Baden-Baden oder Bad Kissingen. Die Darmstädter Kapelle nimmt allerdings eine besondere Rolle ein, weil sie »quasi [...] eine auf hessischen Boden ›ausgelagerte‹ Hofkapelle des Zaren selbst« ist (Nikolaus Thon). Und als solche zeugt die Russische Kapelle noch heute vom Flair der großen Welt, den, wie Eckhart G. Franz es ausdrückte, die »europäische Versippung« des Fürstenhauses nach Darmstadt gebracht hatte.

VIKTOR WASNEZOW – DER KÜNSTLER DER RUSSISCHEN KAPELLE

Inge Lorenz

Die Entwürfe für die Mosaikarbeiten und die dekorativen Motive zur Ausmalung des Innenraumes für die Russische Kapelle auf der Darmstädter Mathildenhöhe stammen von dem russischen Maler Viktor Michajlowitsch Wasnezow (1848–1926). Berühmtheit erlangte Wasnezow auf dem Gebiet der religiösen Malerei und als ein Meister des neo-russischen Stils.

Wasnezow studierte von 1868–74 an der Akademie der bildenden Künste in St. Petersburg, seit 1878 lebte und arbeitete er hauptsächlich in Moskau. Um die Jahrhundertwende war Wasnezow auf dem Höhepunkt seiner künstlerischen Karriere angelangt und galt als einer der Vorreiter in der Entwicklung der russischen Malerei. Zu dieser Zeit gab es nur wenige Maler, die sich der religiösen Malerei widmeten. Viktor Wasnezow und Michail Wassiljewitsch Nesterow (1862–1942), die hauptsächlich mit der Ausgestaltung neuer Kirchen beauftragt wurden, waren die Meister auf diesem Gebiet. Wasnezow war auch über Russland hinaus berühmt – vor allem in Frankreich und England wurde seine religiöse Malerei sehr geschätzt.

Die Bedeutung Wasnezows liegt einerseits in der Loslösung von der romantischen Malerei des 19. Jahrhunderts. Darüber hinaus fand er in der religiösen Kunst wieder den Anschluss an die alte byzantinische und die Kiewer Tradition. Seine religiöse Malerei ist jedoch nicht im eigentlichen Sinn der Ikonenmalerei zuzuordnen. Er entwickelte sich weg von der Ikonisierung und bezog freie Formen der Kunst in seine religiösen Bilder mit ein. Der Betrachter nimmt die Gemälde nicht wirklich als Ikonenkunst wahr, dennoch besitzen sie eine geistige Dimension und üben eine starke Ausstrahlung auf den Betrachter aus. Großes Talent besaß Wasnezow auch in der dekorativen Malerei: So belebte er Motive alter Ornamente, deren Grundlage auf die Buchmalerei zurückgehen.

Religiöse Kunst

Bekannt wurde Wasnezow durch seine monumentale Ausmalung der St.-Wladimir-Kathedrale in Kiew in den Jahren 1885 – 95 zusammen mit Michail Wrubel. Die Kathedrale ist berühmt wegen ihrer einzigartigen Fresken und Mosaiken. Viele Kompositionen aus der St.-Wladimir-Kathedrale wurden später in anderen Kirchen und Kathedralen in Russland wiederholt.

Die St.-Wladimir-Kathedrale in Kiew entstand 1862 – 96 anlässlich des 900. Jubiläums der Christianisierung Russlands. Das Bauwerk war bereits 1882 fertiggstellt, die Innengestaltung wurde aber erst 1896 vollendet. Zar Nikolaus I. gab das Projekt in Auftrag, und 1896 wurde die Kirche im Beisein von Zar Nikolaus II. geweiht. Zu den wertvollsten Fresken der Kathedrale gehören Wasnezows Werke »Die Taufe der Kiewer«, »Jungfrau mit Kind« und »Die Taufe des Wladimir«.

Wasnezow gehörte außerdem zu den Künstlern, die Vorlagen zu den Mosaiken für die von dem Architekten Alfred Parland geschaffene Auferstehungskirche in St. Petersburg (die sogenannte Erlöserkirche auf dem Blute) zwischen 1896 und 1907 schufen. Für den 1883 – 1907 erbauten Sakralbau im altrussischen Stil diente die Basiliuskathedrale in Moskau als Vorbild. Bei der äußeren und inneren Gestaltung dominieren Mosaiken.

Der Künstlerkreis von Abramzewo

Im Jahre 1875 bildete sich um den Industriellen und Mäzen Mamontow der Künstlerkreis von Abramzewo in der Umgebung von Moskau, dem Wasnezow angehörte. Ziel der Gruppe war es, die echte Poesie der Bauernkunst, des Volksideals, wiederzufinden. Die Wiederentdeckung traditioneller Formen bis hin zum Werk der Ikonenmaler war dabei von entscheidender Bedeutung.

Der Abramzewo-Zirkel setzte sich auch mit der Architektur und dem Kunsthandwerk auseinander. Charakteristisch war die Suche nach stilistischen und dekorativen Gemeinsamkeiten.

1881 entwarf Wasnezow die Kirche von Abramzewo. Sie wurde als Tempel innerhalb dieser Künstlerkolonie erbaut, um an deren Bemühungen für die Religion des Schönen zu erinnern. Das Bild der Jungfrau in der Kirche von Abramzewo wiederholt Wasnezows große Wandmalerei in der Apsis der St.-Wladimir-Kathedrale in Kiew. Wasnezows Entwicklung hatte in der künstlerischen Atmosphäre von Abramzewo einen fruchtbaren Boden.

Die Künstlerkolonie Abramzewo brachte einen ganz neuen Geist in der russischen Kunst und deren Denkweise hervor. Sie war wegweisend für die Geburt des russischen Art Nouveau und verbunden mit einem Richtungswechsel in der russischen Kunst, nämlich hin zu einer Wiederentdeckung und Fortsetzung der nationalen Kultur.

Der epische Stil von Viktor Wasnezow

In den 1870er-Jahren illustrierte Wasnezow Märchen und Legenden. Seine Darstellungen bereiteten den Übergang zu einer neuen Entwicklung vor. Nicht nur der Motivwechsel, auch die spätere Kompositionstechnik zeigen, dass ihn die Erneuerungen in den 1880er- und 1890er-Jahren in die vorderste Reihe der russischen Malerei rücken lassen.

Wasnezow war nicht nur einer der ersten Künstler, die sich auf die russische Volkskunst ausrichteten. Er war auch der erste Maler, dem es gelang, eine andere Art der Interpretation für die Hauptthemen der Märchen und Legenden zu finden. Der Wechsel zu neuen Themen und Formen wurde von anderen Malern übernommen und war Teil einer künstlerischen Lebensreform-Bewegung. Sie reflektierte das Bekenntnis zu einem heilsamen Effekt von Kunst und Schönheit. Wasnezows Originalität liegt in der Darstellung eines Ereignisses in enger Anlehnung an die verbalen und malerischen Traditionen der Volkskunst. Als Maler begründete er einen Weg des sichtbaren Ausdrucks für Zeit und Raum, um Heroen und Geschehnisse, die er in Märchen und Legenden fand, ins Licht zu setzen. Merkmal dafür ist eine farbenreiche Darstellung nicht nur im figurativen Sinn, sondern auch ganz literarisch, indem die Figuren durch die Farbe charakterisiert werden. Die Farben sind in der Volkskunst dekorativ und bunt ohne Anklang an Freiluftmalerei oder Tonalität. Das bekannteste Werk aus Wasnezows Legenden-Zyklus, entstanden in den 1880er- und 1890er-Jahren, ist das Gemälde »Bogatyrs« (1899, dt.: »Die russischen Helden«).

Architektur und angewandte Kunst

In der Zeit zwischen 1892 und 1901 war Wasnezow besonders in der Architektur und der angewandten Kunst tätig. Er entwarf unter anderem sein eigenes Haus, das heutige Wasnezow Museum in Moskau, das Tsetkov-Haus und die Fassade der Tretjakov-Galerie sowie Dachas, Wohnhäuser, Kirchen und verschiedene Varianten von Handwerkerpavillons für die Weltausstellung 1900 in Paris. Er kehrte auch zurück zur Tischlerwerkstatt in Abramzewo und entwarf Möbeldesigns für das Kunsthandwerkmuseum von Moskau-Zemstvo und die Werkstätten für das Kloster St. Sergius. Auch in der Darmstädter Kapelle gehören Stühle aus Abramzewo zur Ausstattung.

Arbeiten nach 1900

In der Malerei Wasnezows aus der Zeit von 1900 bis 1920 herrscht eine dekorative Farbgebung vor. Die Farbe ist meist lokal eingesetzt, wie in der Volkskunst und der mittelalterlichen Kunst. Zu finden sind intensive Farben wie Azurblau, Zinnoberrot, Rosa und Gold. Wasnezows Gemälde in dieser Zeit waren enorm große dekorative Tafeln, die den Sinn konventioneller Leinwandmalerei verloren haben. Er übernahm Innovationen der europäischen und russischen Malerei aus der Zeit zwischen 1890 und 1900, einschließlich modernistischer Stilisierung. Seine Illustrationen haben eine ausgeprägte graphische Qualität, in der ein ornamentaler linearer Stil deutlich wird.

Neo-russisches Bühnendesign

Die dekorative und lyrische Tradition russischer Volkskunst fand auch Eingang in Bühnenbilder für russische Opern. Wasnezow widmete sich auch dieser Gattung. Auch andere Künstler dieser Zeit schufen Bühnenbilder für Opern mit russischen Themen und setzten die Tradition von Wasnezow fort. Sie markierten eine Entwicklung des Bühnendesigns durch Elemente des neo-russischen Stils und knüpfen an den Art Nouveau oder die Moderne an.

Wasnezow Museum Moskau

Das von Viktor Michajlowitsch Wasnezow entworfene Haus verkörpert die Idee von der »Kunstsynthese« an der Wende vom 19. zum 20. Jahrhundert in Russland. Ziel war es, den Wohnraum in eine Zauberbühne zu verwandeln, auf der das reale Leben stattfindet, vergleichbar dem Heinrich-Vogeler-Haus in Worpswede. Das Haus gleicht der Dekoration zu einem russischen Volksmärchen – von der Fassade mit dem krönenden Holzpferd, dem bunten Kachelofen, den Möbeln bis hin zum Holzgeschirr. Die Möbel entstanden in den Künstlerwerkstätten von Abramzewo. An den Wänden des Hauses hängen Bilder von Viktor Wasnezow mit märchenhaften und religiösen Motiven.

Werke Wasnezows für die Darmstädter Kapelle

Viktor Wasnezows künstlerische Ausgestaltung der Darmstädter Kapelle ist belegt durch vorliegende Entwürfe im Maßstab 1:1, die sich heute im Staatlichen Russischen Museum in St. Petersburg befinden. Im Giebelmosaik über dem Eingang der Kapelle auf der Mathildenhöhe ist er ebenso vermerkt wie die ausführende Mosaikwerkstatt (Abb. S. 36).

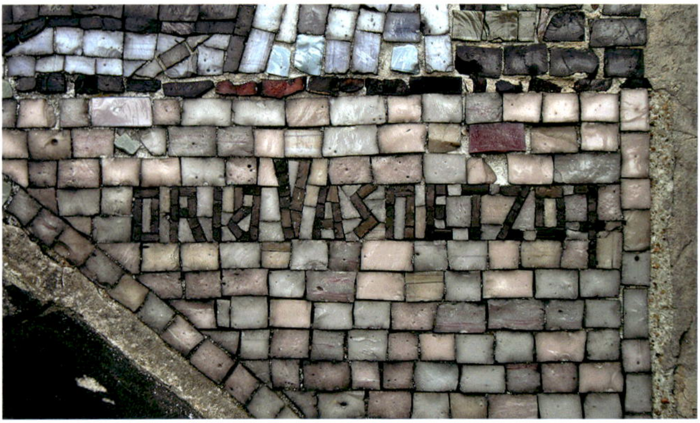

Bezeichnung des Hauptkünstlers im Giebelmosaik (rechts unten) über dem Eingang der Kapelle: »Oria Vasnetzof«

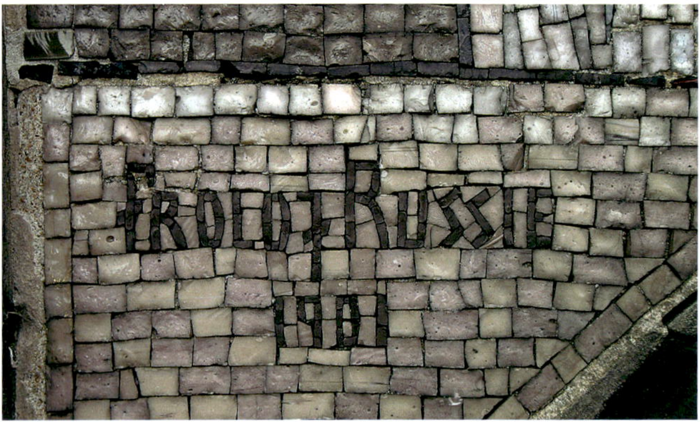

Bezeichnung der ausführenden Mosaikwerkstatt im Giebelmosaik (links unten) über dem Eingang der Kapelle: »Frolof Russie 1901«

Wasnezows große Bedeutung in der religiösen Malkunst ist auf seine Werke in den Kathedralen von Kiew und St. Petersburg zurückzuführen. Die Entwürfe für die Mosaiken der St. Petersburger Kirche sind etwa zeitgleich zu den Vorlagen für die Kapelle in Darmstadt entstanden und in ihrer Gestaltung sehr ähnlich. Die Darmstädter Kirche ist auch im Baustil vergleichbar mit der Auferstehungskathedrale.

MOSAIKEN UND WANDMALEREIEN

Inge Lorenz

Neben der Architektur mit ihrem traditionellen russischen Baustil und den kostbaren dekorativen Elementen in ihrer äußeren Gesamterscheinung beeindruckt die Russische Kapelle besonders durch die künstlerische Ausschmückung mit wertvollen Mosaiken im Giebeldreieck über dem Eingangsportal, im Innenraum und an der Stirnseite der Apsis sowie durch die Ausmalung der Kuppellaterne und des Gewölbes mit farbenprächtigen Malereien aus ornamentalen Mustern nach Entwürfen von Viktor Wasnezow. In seiner religiösen Malerei übernimmt Wasnezow ikonografische Festlegungen sowie traditionelle byzantinische bzw. altrussische Vorbilder. Er setzt jedoch Techniken und stilistische Eigenarten der modernen Zeit ein. Liturgisch bilden die Kirche und ihre künstlerische Ausgestaltung eine Einheit. Diese schließt das gesamte Dekorationssystem mit ein. Dabei ist es gleichgültig, ob die Ausgestaltung als Malerei oder Mosaik ausgeführt ist.

Die Herstellung der Mosaiken für die Darmstädter Kapelle erfolgte durch die Mosaikwerkstatt der Brüder Alexander und Wladimir Frolov in St. Petersburg. Sie wurden in mehreren Platten gefertigt und erst in Darmstadt zusammengesetzt. Diese Werkstatt, die unter anderem auch für die Auferstehungskathedrale in St. Petersburg tätig war, wandte die sogenannte umgekehrte oder venezianische Methode zur Verlegung der Mosaiksteinchen an. Das Spiegelbild der künstlerischen Originalvorlage wurde auf Papier kopiert, die Zeichnung dann in Teile geschnitten und die Mosaiksteine aus Kobaltglas mit der Ansicht nach unten auf die Oberfläche geklebt. Anschließend wurde das Mosaik gerahmt und mit einer Zementlösung gebunden. Vor Ort wurden die Platten auf den Wänden fixiert, die Nähte gefüllt und versiegelt. Der Rest der Komposition konnte dann mit der direkten Applikationsmethode komplettiert werden.

Die Nahaufnahmen der Mosaiken (Abb. S. 38) zeigen die hohe Qualität der technischen Ausführung durch die St. Petersburger Werkstatt und deren hervorragende Umsetzung der von Wasne-

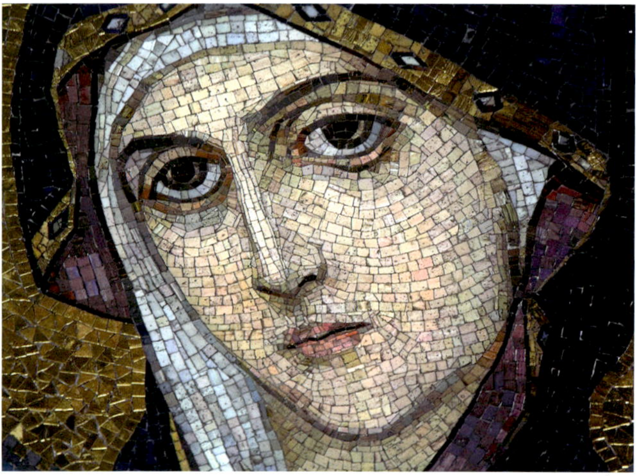

Detailaufnahme aus dem Apsismosaik mit Kopf der Gottesmutter

zow auf Karton erarbeiteten Gemälde, die als Vorlagen dienten. Ihre Arbeit hat die Werkstatt auf einer Kupfertafel mit französischem Text an der rechten Seite des Apsismosaiks dokumentiert.

Die Darstellung der heiligen Maria Magdalena

Im Giebelfeld über dem Eingangsportal der Kapelle befindet sich das Mosaik mit der Darstellung der heiligen Maria Magdalena, der Patronin der Kirche (Abb. S. 39). Sie ist erkennbar durch das Attribut der Salbenbüchse. Das von seiner Komposition symmetrisch angelegte Darmstädter Bildnis, entstanden nach einer Vorlage Wasnezows aus dem Jahr 1901, ist beherrscht von der wandelnden, frontal ausgerichteten Figur der Heiligen in der Mitte des Bildes. Sie ist in einen Mantel gehüllt und eingerahmt von architektonischen Elementen der antiken Grabarchitektur, ähnlich einem Bühnenaufbau. Sie steht hinter der horizontalen leeren Grabkammer Christi, aus der die Leichentücher in Form einer Drapierung herausschauen.

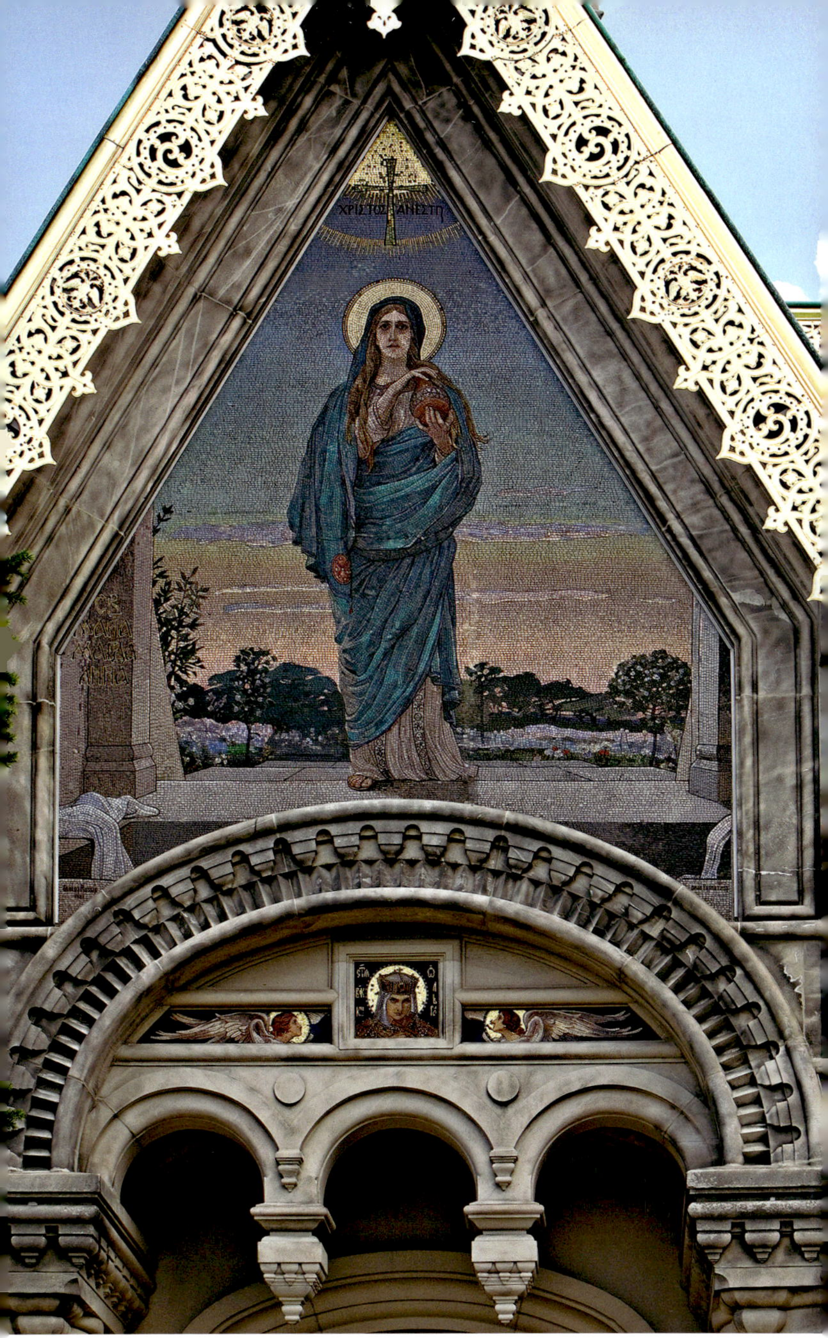

Giebelmosaik mit Darstellung der heiligen Maria Magdalena über dem Eingangsportal

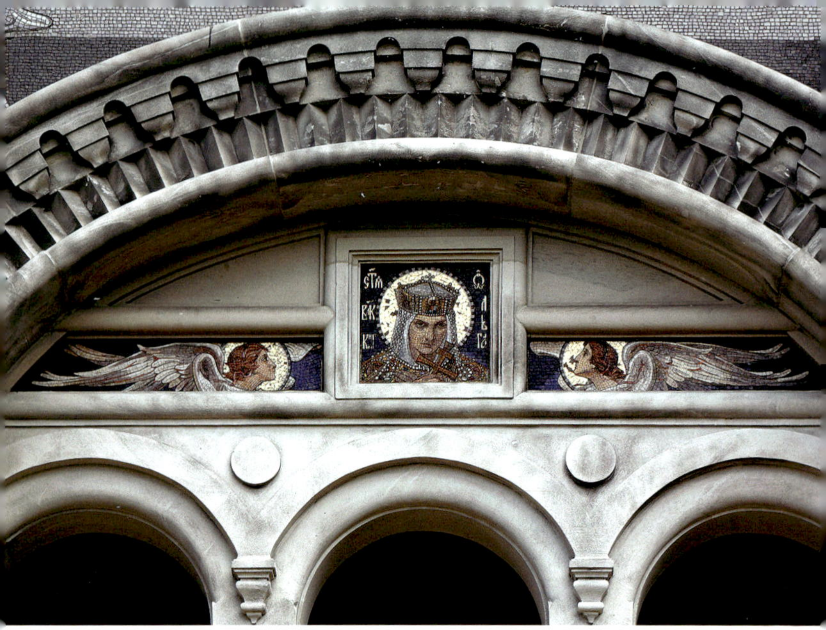

Mosaik mit Bildnis der Großfürstin Olga und Engeln über dem Eingangsportal

Eine stimmungsvolle Landschaft bildet den Hintergrund des Bildes. Der Himmel mit seinen fein abgestuften, ineinander übergehenden zarten Farbstufen von hellem Rot zu Gelb und Blau gleicht einer Morgenröte über dem Ölberg. Blühende Bäume und Blumen erwecken den Eindruck eines Paradiesgartens. Zwischen dem Heiligenschein Maria Magdalenas und dem in Gold ausgeführten lateinischen Kreuz ist in einem goldenen halbrunden Schweif die griechische Version des Osterrufes »Christus ist auferstanden« zu lesen. Das Bildnis erinnert in seiner künstlerischen Auffassung an die religiöse Malerei der Spätnazarener in der zweiten Hälfte des 19. Jahrhunderts. Wasnezow greift hier seine Darstellung der Maria Magdalena auf der Ikonostase der St.-Wladimir-Kathedrale in Kiew wieder auf.

Maria Magdalena gehörte nach christlicher Überlieferung zu den Frauen, die Jesus nach Jerusalem begleiteten, ihm auch in seinem schwersten Leiden nicht von seiner Seite wichen und am dritten Tag nach seinem Tod zum Grabe Jesu gingen, um den Leichnam zu salben. Sie entdeckte am Ostermorgen das leere

Grab, und ihr begegnete der Auferstandene zuerst und trug ihr die Botschaft an die Jünger auf. Schon in der Alten Kirche wurde sie als »Apostelgleiche« verehrt und bekam den Ehrennamen »apostola apostolorum« (Apostelin der Apostel). Ihr liturgischer Gedenktag ist der 22. Juli.

In der Mitte des Rundbogenfeldes unter dem Giebel des Portals ist das kleine quadratische Mosaik mit dem Porträt der 1547 heilig gesprochenen Apostelgleichen Großfürstin Olga von Kiew (881–969) (Abb. S. 40) zu entdecken. Diese ließ sich 955 in Konstantinopel taufen und ist damit eine Vorreiterin der später von Fürst Wladimir von Kiew im Jahre 988 durchgeführten Christianisierung der Kiewer Rus. Ihr Bildnis ist beidseitig von kleinen Mosaiken eingerahmt, auf denen Engelsköpfchen dargestellt sind.

Apsismosaik

Religöses und künstlerisches Hauptwerk der Kapelle ist die Darstellung der auf einem kunsthandwerklich gestalteten, ornamenthaften Thron sitzenden Gottesmutter mit dem Christuskind auf dem Schoß (Abb. S. 43). Jesus hat die rechte Hand zum Segensgestus erhoben. Im Heiligenschein des Kindes finden sich die drei Buchstaben Z O Ä (Leben). Das Bild erinnert an die Menschwerdung des Gottessohnes.

Der Thron mit den beiden Figuren schwebt auf farbig geschichteten Wolken über dem Erdenraum, dessen Abschluss eine Landschaft mit blühenden Bäumen und Pflanzen bildet, vergleichbar der Landschaft auf dem Giebelmosaik.

Am seitlichen und oberen Gewölbe bewachen zwei große schwebende Engel (Abb. S. 42 und 44) mit ihren übereinander geschlagenen Flügeln und zarten Händen schützend den Himmelsraum. Die Cherubim sind Wächter und Träger des Throns Gottes und verkörpern das Himmlische. Die Fläche der Apsis ist ausgeschmückt mit einem in verschiedenen blauen Farbtönen gehaltenen Sternenhimmel, der nach unten hin von Wolken durchzogen ist. Es schließt sich in feinen Übergängen und zarten Farbabstufungen der Erdenraum an.

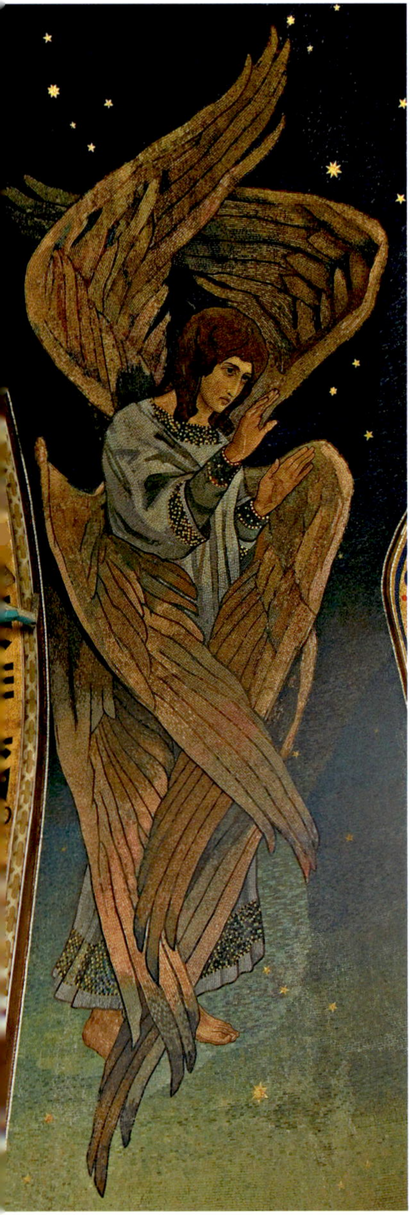

Wasnezow gelingt es, die innere Verfassung der Figuren zu zeigen. Dem Blick Marias ist eine besondere Spiritualität zu eigen. Ihre Augen enthüllen mütterliche Gefühle der Besorgnis, lassen den aufkommenden Verlust und die Trauer der Gottesmutter gewahr werden. Der intensive menschliche Ausdruck findet sich in allen dargestellten Figuren der Kapelle einschließlich der Engel. Der Künstler knüpft mit der Darstellung in der Apsis an die frühchristliche und byzantinische Tradition an. Er arbeitet stilistisch mit starken Konturen und weichen Lokalfarben, das Mosaik gibt eine sehr sorgfältige malerische Ausführung wider. In seiner den Apsisraum ausfüllenden Größe erreicht das Bildnis monumentalen Charakter.

Die Apsis ist von einem goldenen Triumphbogen eingerahmt. Auf seinen Innenwangen ist der Anfang des Lobgesangs der Maria nach Lukas 1,46 in Kirchenslawisch zitiert: »Meine Seele erhebt den Herrn und mein Geist freut sich über Gott, meinen Heiland«.

Apsismosaik, linker Engel

Apsismosaik mit Darstellung der Gottesmutter mit dem Christuskind auf dem Thron

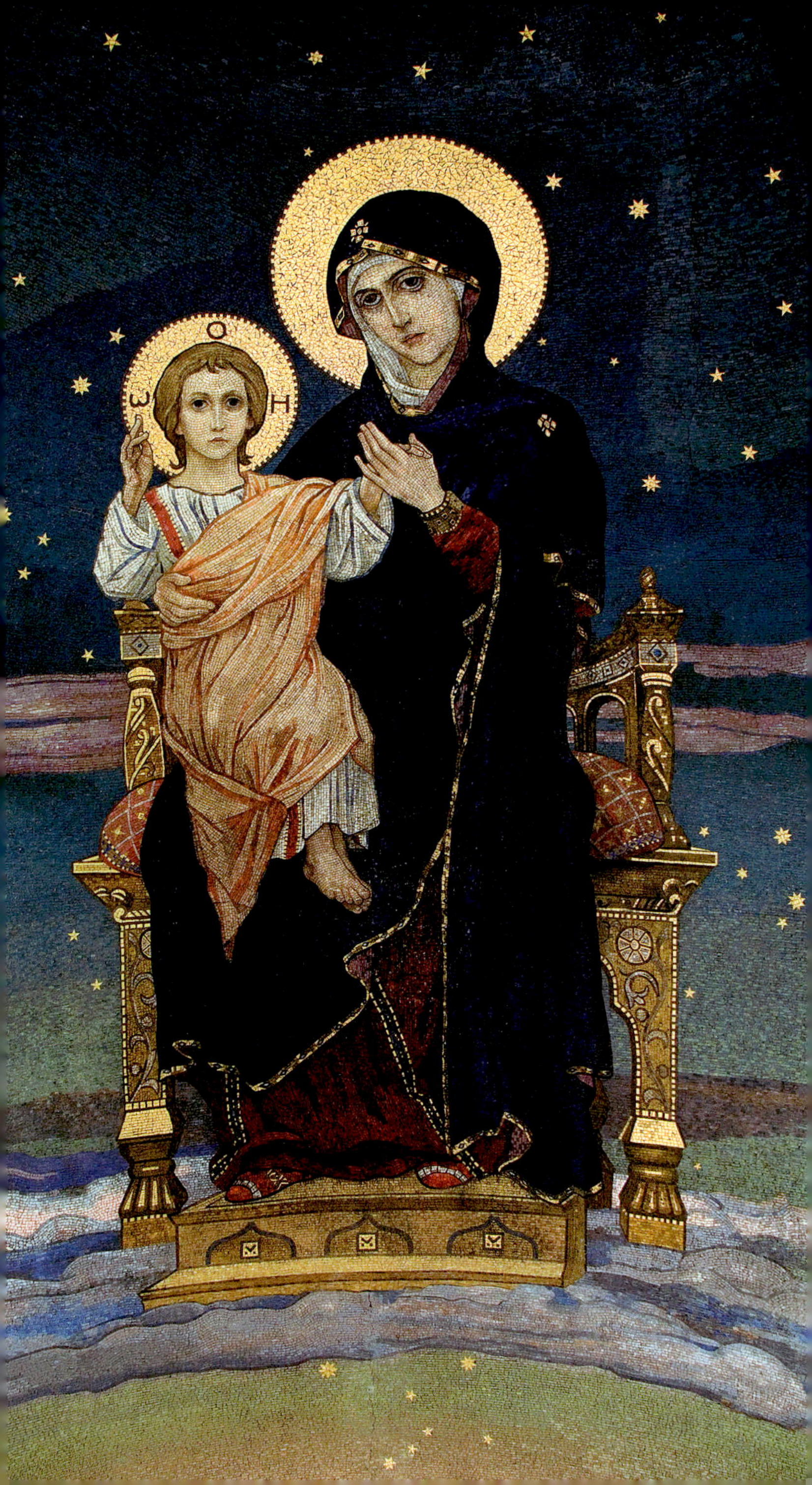

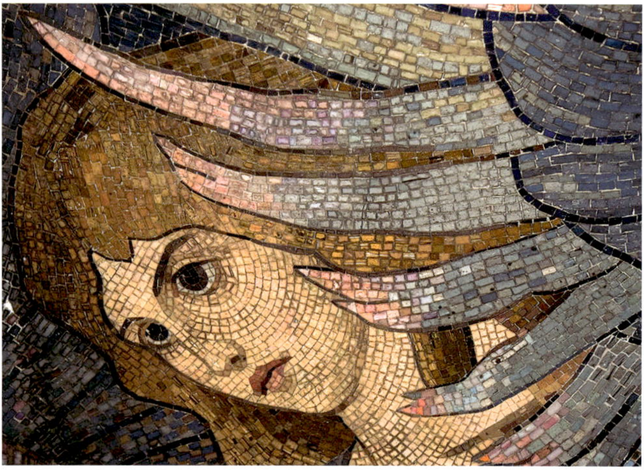

Apsismosaik, rechter Engel (Detail)

Hauptkuppel

In der Rundung der Kuppel an zentraler Stelle über dem Kirchenraum findet sich über den Fenstern des Tambours die gemalte Darstellung des Christus Pantokrator (Abb. S. 45), des Weltenherrschers und Erlösers. In seiner linken Hand hält er die aufgeschlagene Bibel. Zu lesen sind die Worte aus Johannes 8,12: »Ich bin das Licht der Welt, wer mir nachfolgt, der wird nicht wandeln in der Finsternis, sondern wird das Licht des Lebens haben.« Christi rechte Hand ist zu einem segnenden Gestus erhoben.

Liturgisch symbolisiert die Kuppel das »Fenster zur Ewigkeit«. Sie ist Zentrum des Dekorationsprogramms und Zeichen der Herabkunft des Himmlischen, der Vermenschlichung Gottes und zugleich des Aufstiegs des Irdischen, der Vergöttlichung des Menschen und der Verklärung durch Erlösung.

Die Fenster in der Kuppel bilden eine Schranke aus Licht, die den Eindruck erweckt, die Kuppel würde über der Kirche schweben. Die Augen des Pantokrators richten sich suggestiv auf die

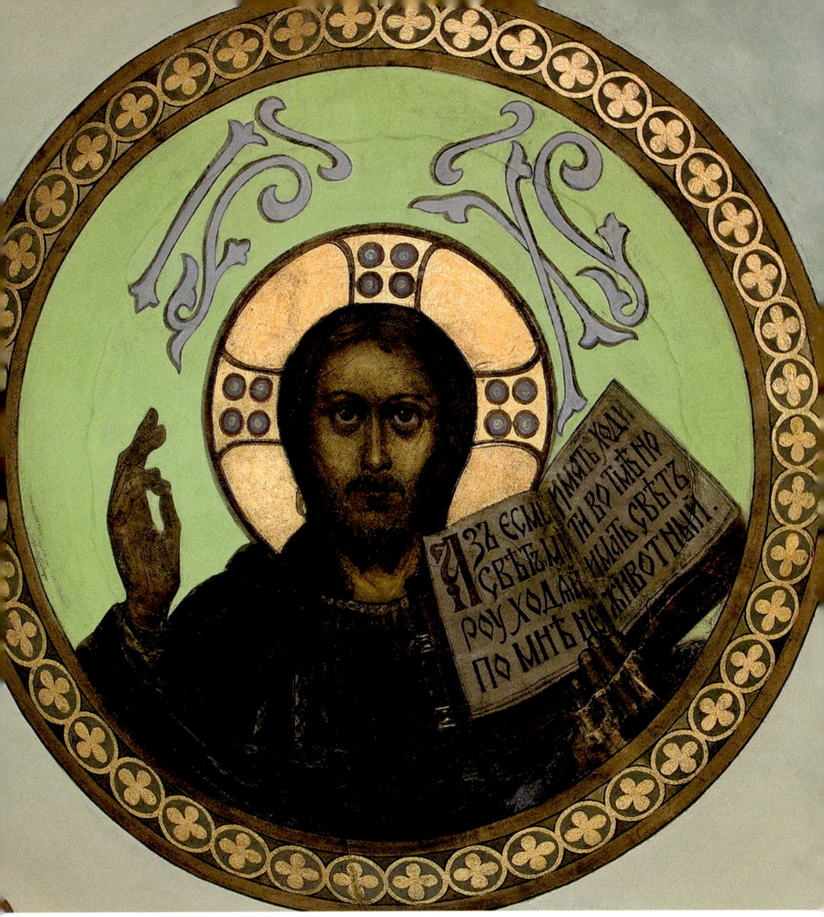

Fresko in der Hauptkuppel mit Darstellung des Christus Pantokrator

Kirchenbesucher, die so nie unbeobachtet bleiben. Der Glaube, dass Gott alles sieht, ist hier bildlich umgesetzt.

Die Augenpartien aller Figuren im Dekorationsprogramm der Kirche weisen im unteren Bereich des Augenfeldes entgegen der natürlichen Anatomie eine nach oben verschobene Stellung von Pupille und Iris auf. Das Auge schließt nach unten mit einer unnatürlich großen weißen Fläche der Lederhaut ab. Mit dieser Augenbewegung erscheint der Blick Gottes, Marias und der Engel in gewisser Weise entrückt und zugleich direkter und intensiver.

Ornamentale Wandmalereien

Die Decke des pfeilerlosen, gewölbten Hauptraums der Kapelle, der einem Baldachin gleicht, ist mit einem ornamentalen Dekorationsmuster in den Farben Blau, Rot und Grün auf goldenem Grund bemalt. Das Gewölbe umschließt die kreisrunde Öffnung der Kuppel mit dem Fresko des Christus Pantokrator. Die vertikal verlaufenden Schmuckbänder an den vier Seiten des Hauptkirchenraumes führen zum Deckengewölbe und bilden die Stützen des gemalten Baldachins. Sie grenzen den Kirchenraum zum Altarraum und zum Vorraum der Kapelle ab. Auf goldenem Grund entfaltet sich ein stilisiertes Knospen-Blatt-Motiv. Es ist eingerahmt von geometrisch-ornamentierten schmalen Bändern.

Die Seitenwände der Kapelle sind ebenfalls flächendeckend mit ornamentalen Malereien ausgeschmückt. Ein sich wiederholendes Lilienmotiv (Abb. S. 49) mit geöffneten, unterschiedlich großen stilisierten Blüten, Blattwerk und Ranken mit goldenen Konturen bedeckt die Wände über einer dunkler gehaltenen Sockelzone mit zwei unterschiedlichen Schmuckmotiven (Abb. S. 48). Diese wechseln sich rhythmisch und durch Drehung des geometrisierenden Musters ab und sind mit einem Quadrat in

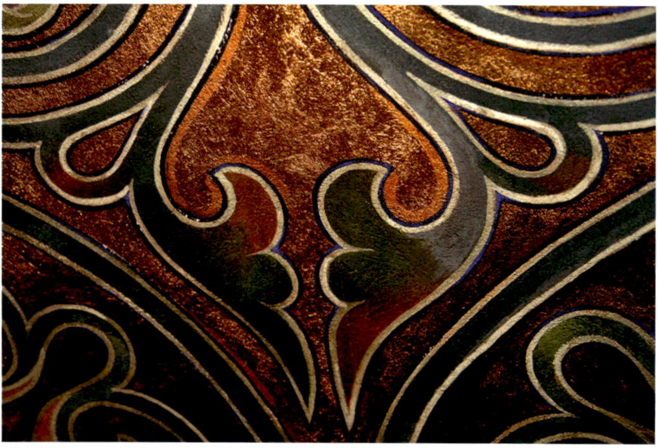

Ornamentale Malereien (Detail)

Deckengewölbe mit ornamentalen Malereien

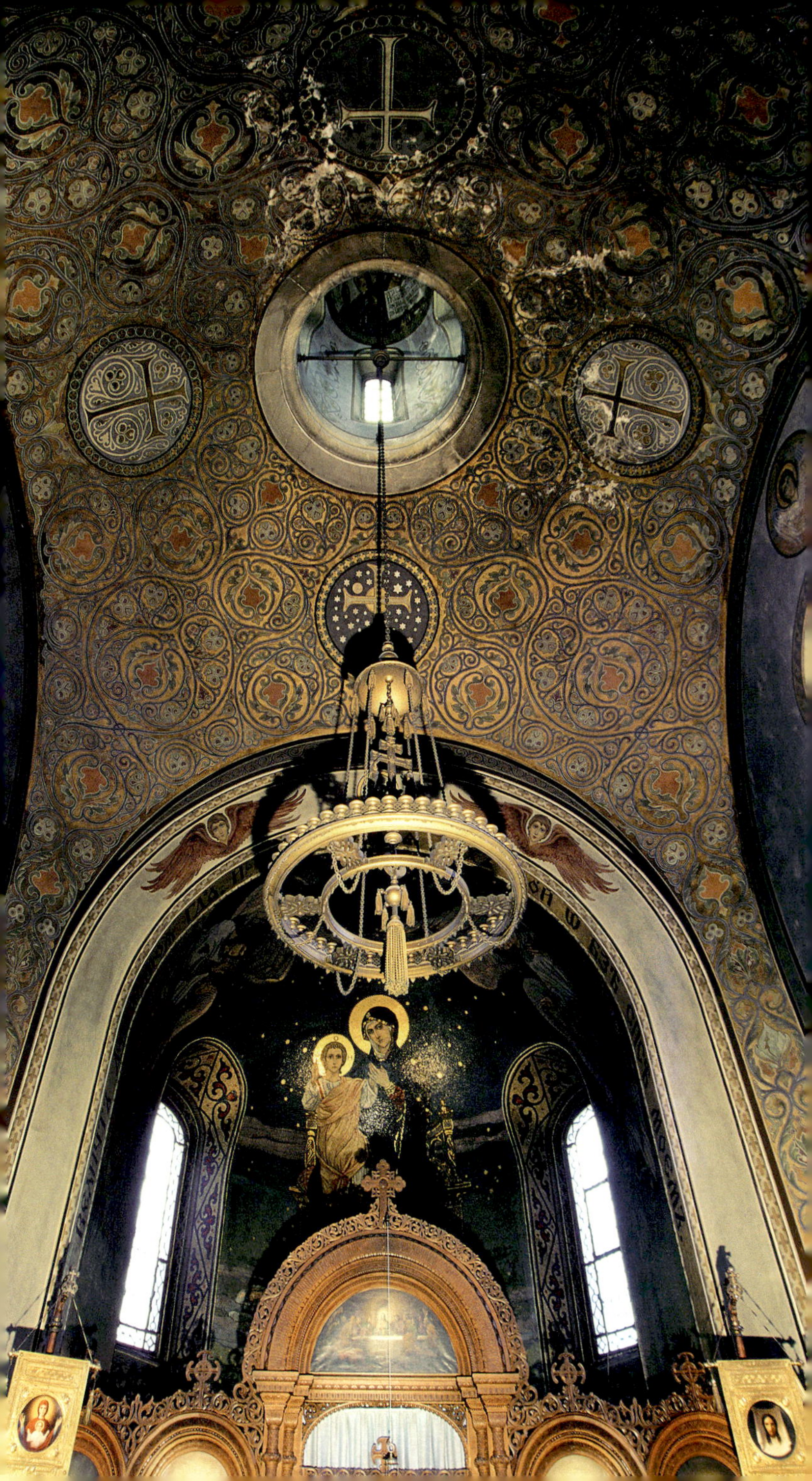

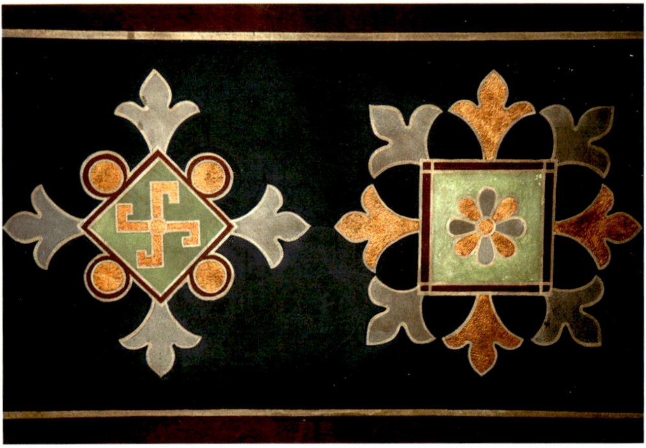

Wandmalereien am Sockelfries (Detail)

der Mitte sowie einfach stilisierten Blütendarstellungen gestaltet. Dekorative ornamentale Muster füllen auch die Fensterlaibungen.

Die ornamentalen Malereien sind mit Keimfarben gemalt, benannt nach deren Erfinder Adolf Wilhelm Keim (1851–1913). Als Ausführende werden die Kunstmaler Kusik, St. Petersburg, und Professor Perminoff aus Warschau, genannt. Letzterer hat sich mit seinem Namen am Rand des Freskos der Hauptkuppel verewigt (Abb. unten).

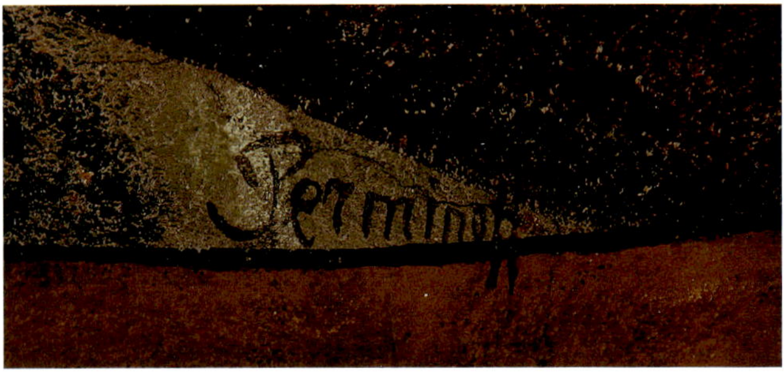

Signatur des Malers Perminoff am Fresko der Hauptkuppel

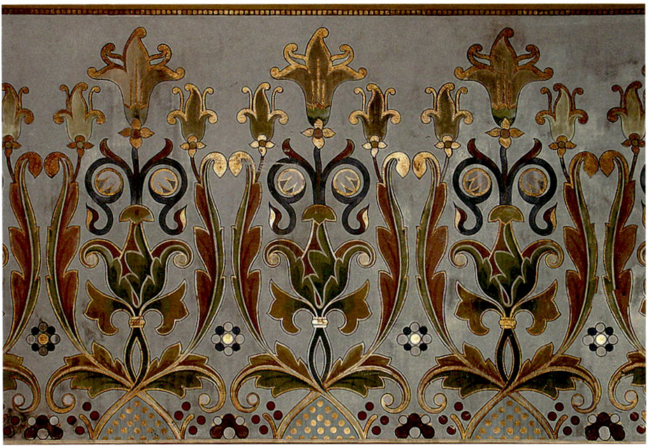

Wandmalereien mit Lilienmotiv

Mosaiken an der Stirnseite der Apsis

Die Außenfassade der Apsis schmücken zwei weitere Mosaiken. Das obere Bild stellt die Gottesmutter im byzantinischen Marientypus der »Platytera« (griechisch *platys*, »weit«, »breit«) (Abb. S. 51) vor goldenem Hintergrund und mit erhobenen Händen dar. Der Kreis mit dem Jesuskind auf ihrer Brust zeigt die schwangere Maria. Dieser Typus kommt bereits im 5. Jahrhundert n. Chr. vor. Der Name »Platytera« hat die Bedeutung »umfangreicher [als der Himmel]« und weist darauf hin, dass Maria den Schöpfer des Alls geboren hat.

Darunter schließt sich, von den schmalen Säulen der äußeren Baudekoration der Kirche eingerahmt, das Bildnis des Christus Pantokrator als Lehrer des göttlichen Wortes (Abb. S. 50) an. Christus sitzt feierlich auf einem prunkvollen goldenen Thron. In der linken Hand hält er die aufgeschlagene Bibel mit dem Ruf »Ich bin das Licht der Welt«. Mit der rechten Hand segnet er den Betrachter. Der starre Blick verrät die tiefe innere Konzentration und Anspannung. Beide Motive weisen wiederum eine strenge Frontalansicht auf und wiederholen die Hauptthemen im Innenraum der Kirche.

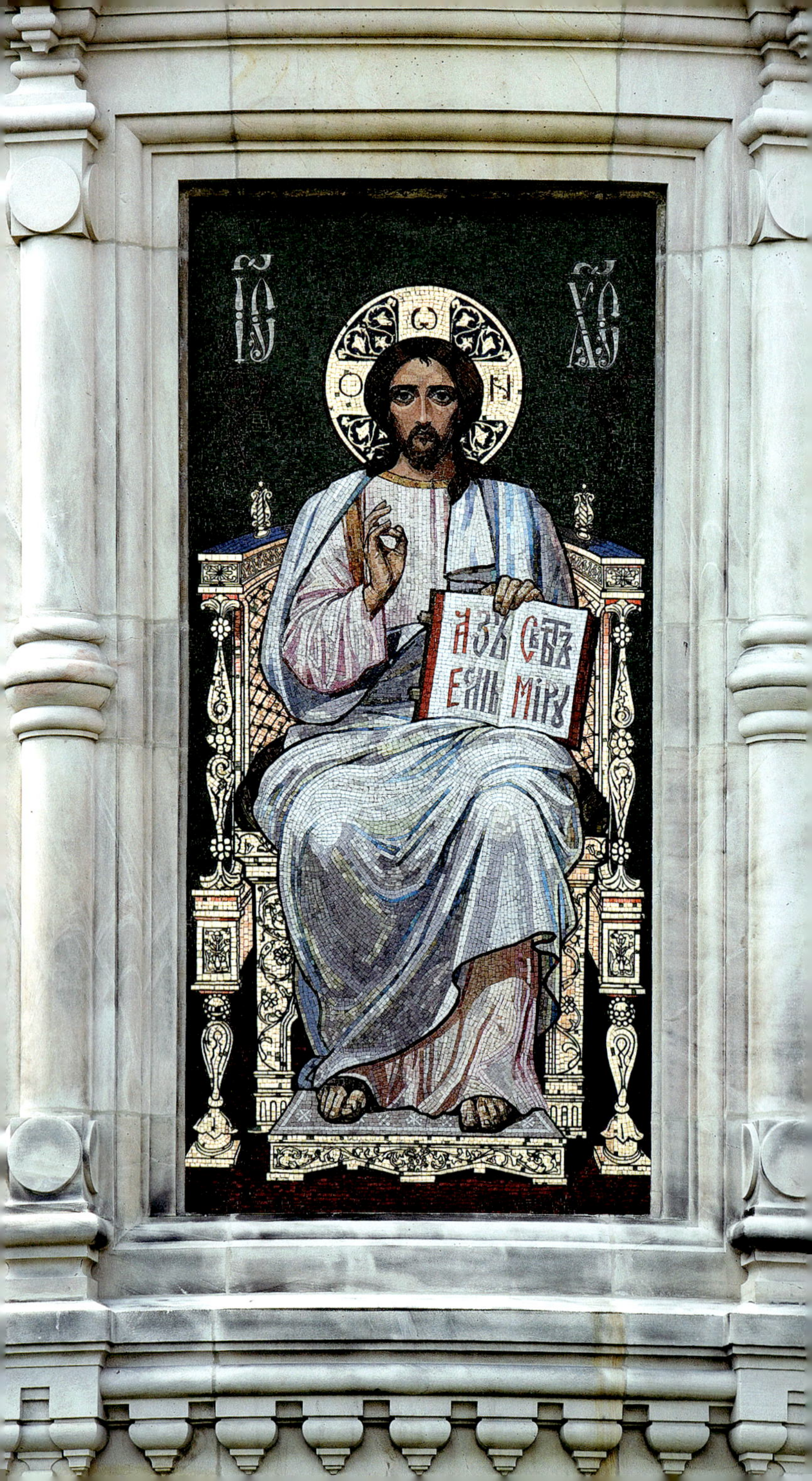
ІС ХС
АЗЪ СВѢТЪ
ЕСМЬ МІРУ

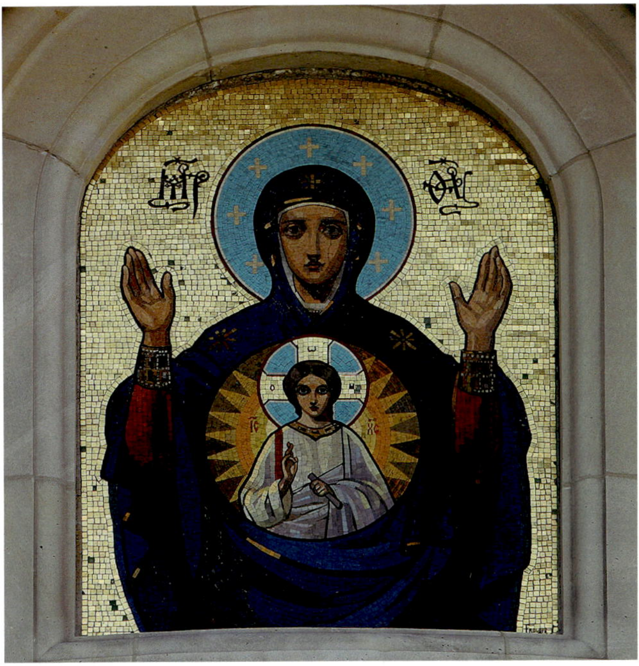

Mosaik mit Darstellung der Gottesmutter im Typus der Platytera an der Stirnseite der Apsis

Ikonostase

Eine hölzerne Ikonostase trennt das Innere der Kapelle in den Altarraum und den Raum der Gläubigen. Sie ist ein Geschenk von Herzogin Marie von Sachsen-Coburg-Gotha (1853 bis 1920) und befand sich früher in deren Hauskapelle. Sie war die gebürtige russische Großfürstin Maria Alexandrowna, Tochter von Zar Alexander II. und Marie, Prinzessin von Hessen und bei Rhein (Eltern der ersten Gattin von Großherzog Ernst Ludwig, Victoria Melita). Symbolisch gesehen ist eine Ikonostase eher eine Verbindung als eine Trennung. Auf ihr wird die Heilsgeschichte bildlich komplett dargestellt.

Mosaik mit dem Bildnis des Christus Pantokrator an der Stirnseite der Apsis

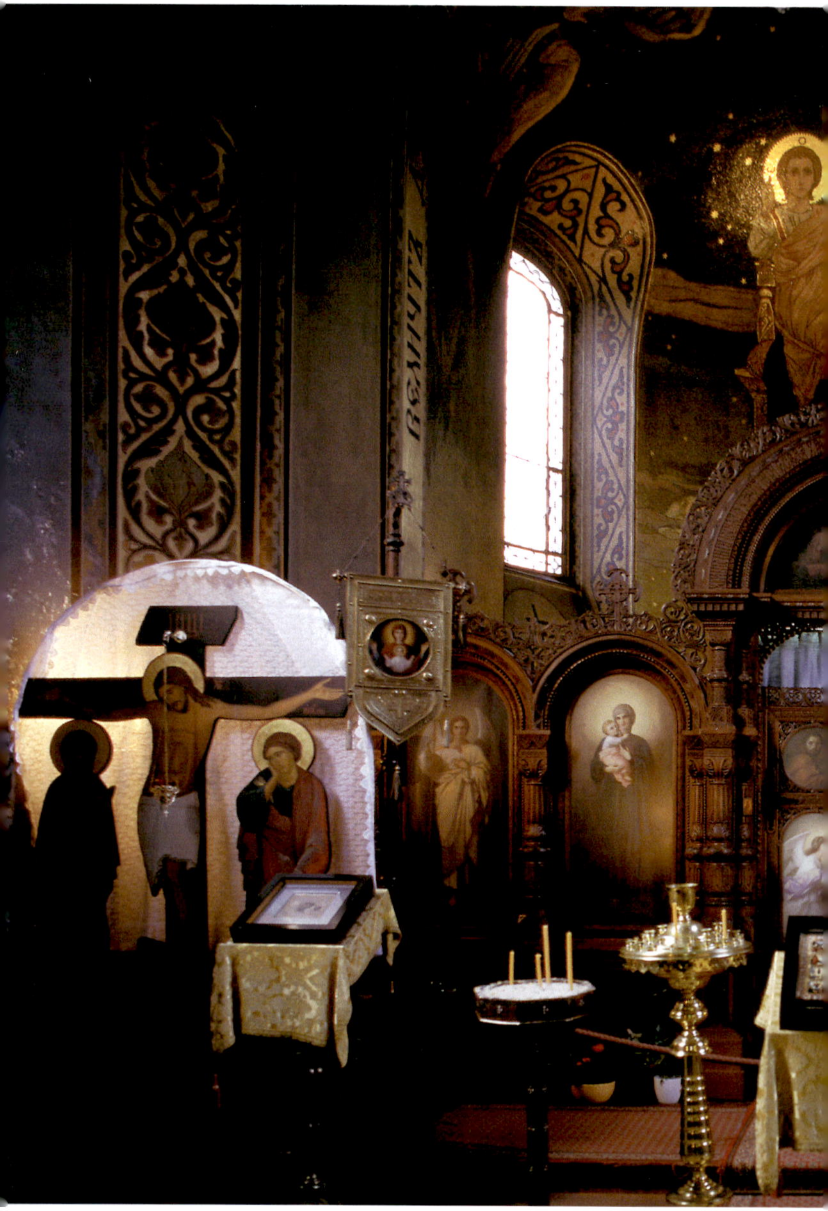

Innenraum der Kapelle mit Ikonostase und Apsismosaik

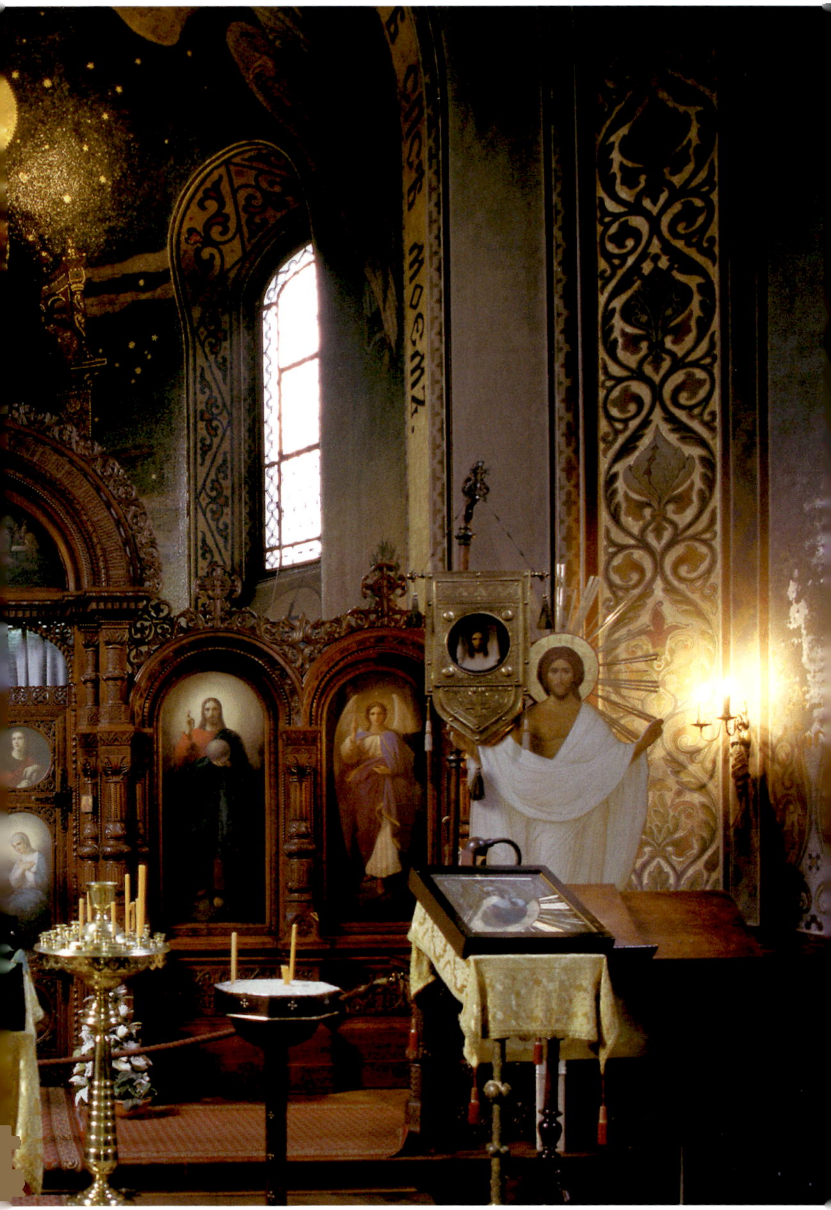

Die kostbaren Malereien der Ikonostase stammen von dem russischen Hofmaler Timofej von Neff, dessen Arbeiten auch in der Kirche der hl. Elisabeth auf dem Neroberg in Wiesbaden und in der Kirche der hl. Alexandra in Bad Ems zu finden sind. Timofej von Neff wurde als Karl Timoleon von Neff 1805 in Medzers/Estland geboren und starb 1876 in St. Petersburg. Als Mitglied der Kaiserlichen Akademie St. Petersburg wurde er unter Zar Nikolaus I. Hofmaler. Wichtige Hauptwerke seiner religiösen Malerei sind die Ausmalung der Moskauer Erlöserkirche sowie der Isaaks-Kathedrale in St. Petersburg. Er gilt als wichtigster Vertreter der Romantik in Estland.

In der mittleren Tür (Königstür) der Ikonostase sind die Verkündigung an Maria, eingerahmt durch die vier Evangelisten, und im Bogenfeld über der Königstür das Abendmahl dargestellt. Auf der Tafel links der Königstür ist die Gottesmutter mit dem Kind, auf der Tafel rechts Christus mit der Weltkugel zu sehen. Die äußeren Bilder der Ikonostase zeigen die Erzengel Michael und Gabriel (Abb. S. 52/53).

Heiligenmotive an der Außenfassade der Kapelle

Weitere Heilige, die in der russisch-orthodoxen Kirche verehrt werden, zieren in bildhaften Majoliken die äußere Fassade des Kirchengebäudes. Sie gehören nicht zu den Werken Wasnezows.

An der linken Seite der Kapelle findet sich das Bildnis der Kaiserin Alexandra von Nikomedien, Märtyrerin und Gattin von Kaiser Diokletian (Abb. S. 55). Sie ist die Schutzheilige der Zarin Alexandra. Eine Entwurfsvorlage von N. Bruni befindet sich im Schlossmuseum Darmstadt. Es folgt das Bildnis des Priesters Zacharias mit Stirnbinde und dem Text »Heilig dem Herrn« und seiner Frau Elisabeth, den Eltern Johannes des Täufers (Abb. S. 56). An der rechten Seite der Kapelle ist der hl. Nikolaus mit den Text »Erzbischof, Wundertäter« als Schutzpatron des Zaren Nikolaus II. platziert (Abb. S. 55).

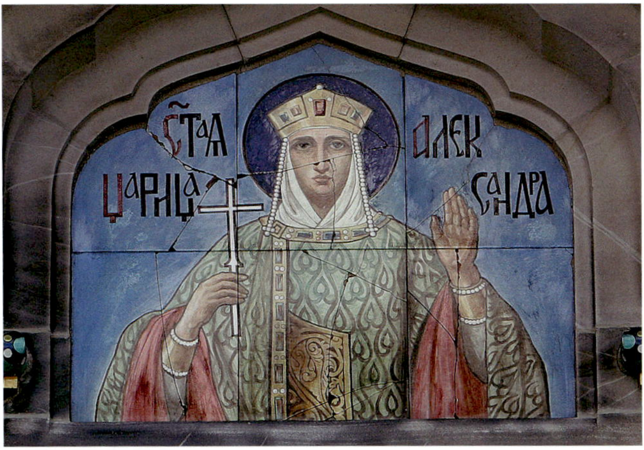

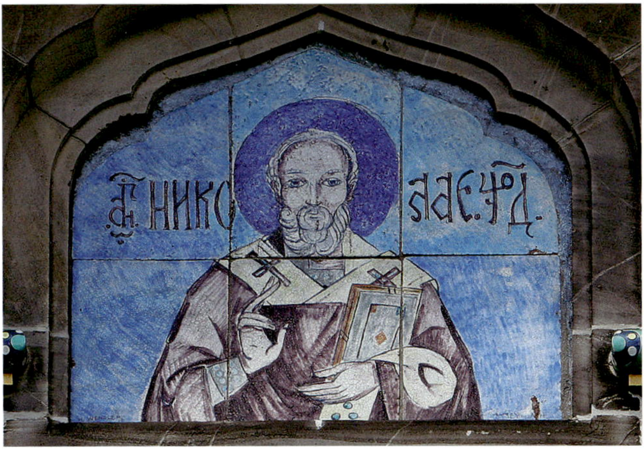

Oben: Bildnis der Kaiserin Alexandra von Nikomedien an der linken Seite der Kapelle (Außenfassade). Unten: Bildnis des hl. Nikolaus an der rechten Seite der Kapelle (Außenfassade)

Über dem Glockenstuhl ist das Bildnis des hl. Alexander Newski mit dem Text »redselig, rechtgläubig, großer König« zu finden (Abb. S. 56). Er war Großfürst von Kiew und Nachfolger von Wladimir. Er lebte 1220–63 und wurde 1547 von der Russisch-Orthodoxen Kirche zum Nationalheiligen erhoben.

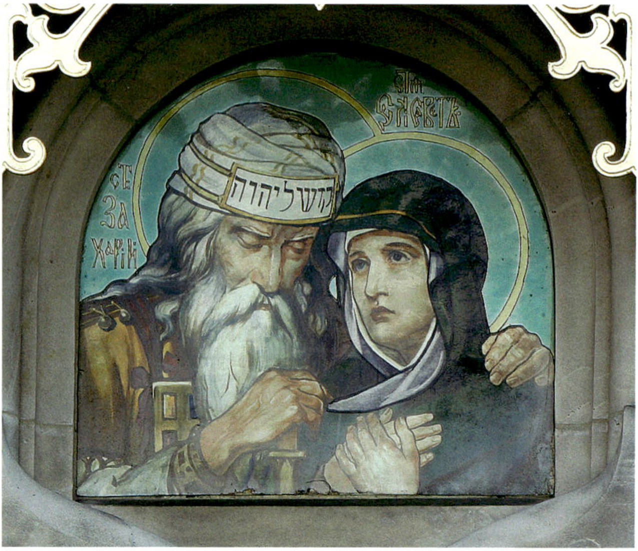

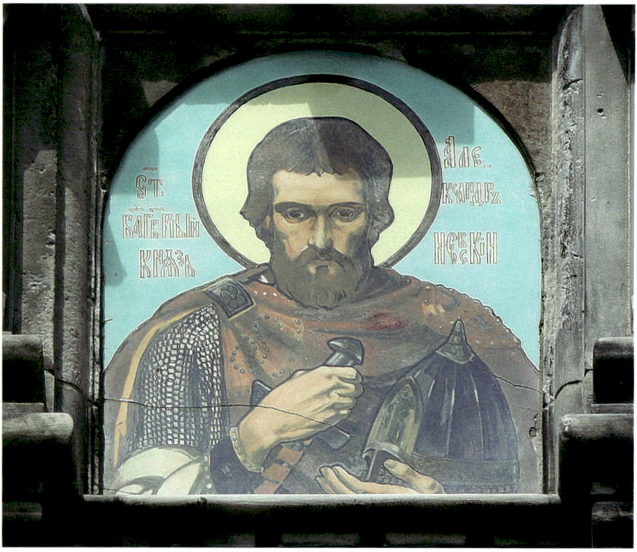

Oben: Bildnis des Priesters Zacharias und seiner Frau Elisabeth an der linken Seite der Kapelle (Außenfassade). Unten: Bildnis des hl. Alexander Newski über dem Glockenstuhl der Kirche

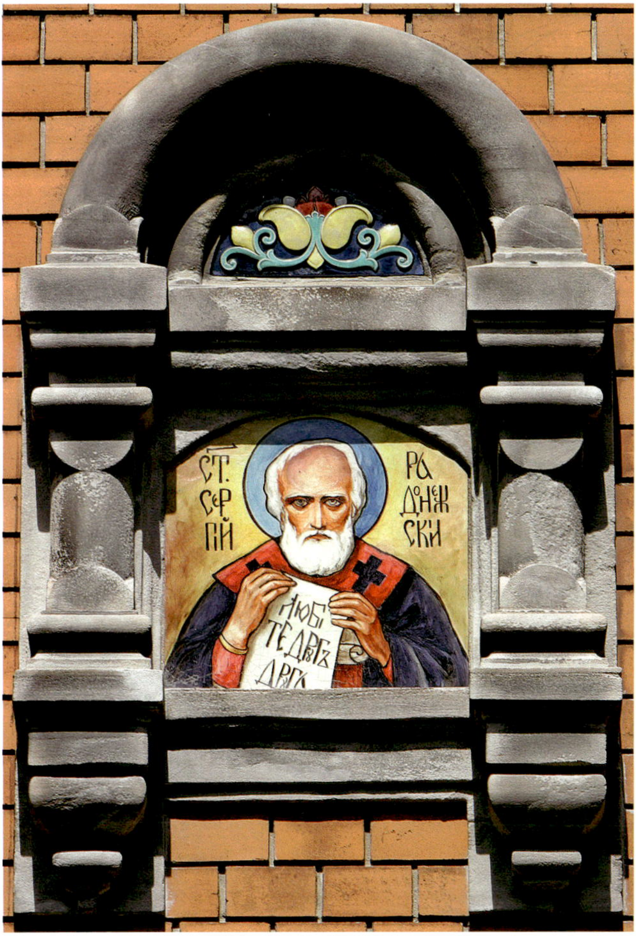

Bildnis des hl. Sergej von Radonez über dem rechten Seiteneingang (Außenfassade)

Über dem rechten Seiteneingang ist das Bildnis des hl. Sergej von Radonez mit dem Text »liebt einander« angebracht (Abb. oben). Er gilt als geistiger Vater ganzer Mönchsgenerationen, lebte 1313–92 und gründete das Dreifaltigkeits-Sergius-Kloster in Sagorsk, dessen Abt er 1344 wurde.

DIE AUSSENANLAGEN DER RUSSISCHEN KAPELLE

Doris Fath

Die Entwicklung der Mathildenhöhe vom Weinberg zum Landschaftspark

Auf der Mathildenhöhe, einer Anhöhe im Osten der Stadt, wurde um 1800 anstelle alter Weinberge durch Prinz Christian (1763–1830) ein Park im Stil eines englischen Landschaftsgartens mit weiten Rasenflächen, Einzelbäumen, Baumgruppen und Gehölzen auf sanft ansteigenden Hügeln angelegt. Dieser Landschaftspark war ursprünglich insgesamt 11 ha groß. Er ging 1833 an den Erbgroßherzog Ludwig III. und seine Gemahlin Mathilde über, die innerhalb des Parks den Platanenhain anlegen und Pavillons sowie ein Gartenhaus errichten ließen. Der Landschaftspark prägte bis zur Gründung der Künstlerkolonie im Jahr

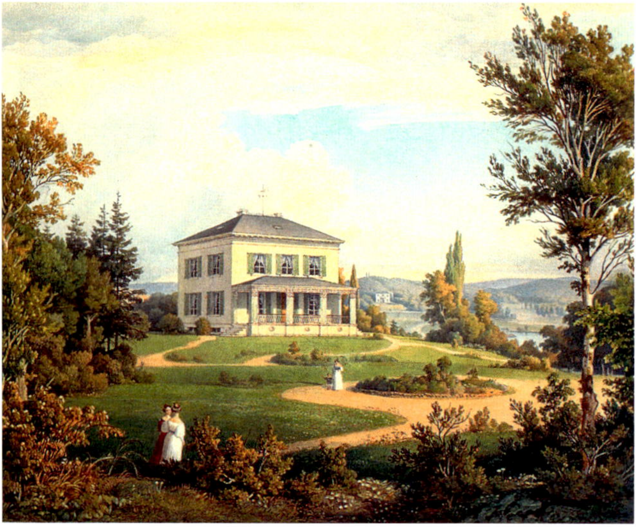

Mathildenhöhe, Gemälde von August Lucas, um 1830

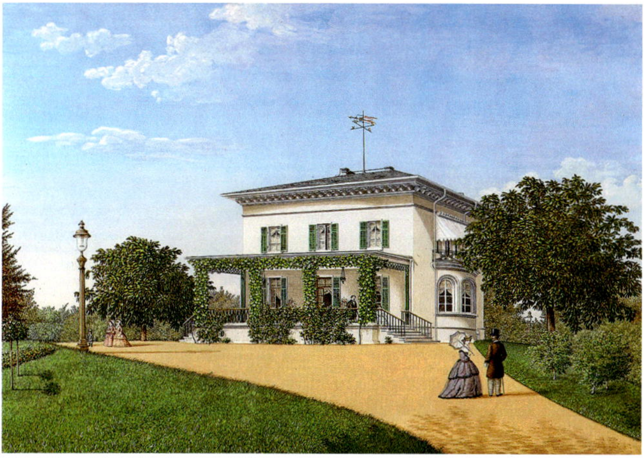

Herrenbau, Gouache von Ernst August Schnittspahn, 1864

1899 durch Großherzog Ernst Ludwig von Hessen und bei Rhein (1868–1937) das Areal zwischen Dieburger Straße im Norden und der Erbacher Straße im Süden.

Im Jahr 1897 entstand anstelle des Landhauses die Russische Kapelle, die im Jahr 1899 fertiggestellt wurde. Das Grundstück für die Errichtung der Kirche stellte Großherzog Ernst Ludwig seinem Schwager, dem Zaren Nikolaus II. zur Verfügung. Mit dem Bau der Russischen Kapelle nahm die Umgestaltung der Mathildenhöhe ihren Anfang.

Die Außenanlagen der Mathildenhöhe im Wandel vom Landschaftspark zur reformorientierten Gartengestaltung

Die Landschaftsgärten im englischen Stil wurden bereits in der zweiten Hälfte des 19. Jahrhunderts von England aus wieder infrage gestellt. Das einheitliche Grün, das schablonenhaft ohne Rücksicht darauf reproduziert wurde, ob es sich bei der Gestaltung um einen Stadtpark, Villengarten, Landschaftspark oder Hausgarten handelte, entsprach nicht mehr dem Zeitgeschmack. Die Grundstücke waren für verschlungene Wege, gekurvte Uferlinien und Hügel oftmals viel zu klein und die Gebäude wurden nicht im erforderlichen Umfang in die Gestaltung einbezogen. Hinzu kam, dass die eigentliche Gartenkunst in dieser Zeit in den Hintergrund trat und sich die Gärtner stärker auf die Botanik und Pflanzenverwendung und deren Pflege konzentrierten. Viele Pflanzenneuheiten wurden eingeführt und das Pflanzenspektrum durch neue Züchtungen enorm erweitert.

Die Entwicklungsgeschichte des Hausgartens ist vor dem Hintergrund der künstlerischen Reformbestrebungen in Deutschland zu sehen. Die Lebensreform wurde um die Jahrhundertwende zum viel diskutierten Thema. Künstler, Architekten und Kunsttheoretiker setzten sich mit der Lebens- und Arbeitssituation der Menschen auseinander und entwickelten ganzheitliche Lebensphilosophien. Der reformerische Wille erreichte um die Zeit der Jahrhundertwende über die bürgerliche Kunst- und Architekturszene, die die neuen Ideale in eine zeitgenössische Formensprache umzusetzen versuchte, schließlich auch die Gartenkunst. Innerhalb weniger Jahre vollzog sich somit ein tiefgreifender gesellschaftlicher Wandel, der dazu führte, dass die bisherige spätlandschaftliche Hausgartengestaltung mit einer Kombination landschaftlicher und formaler Elemente durch einen architektonisch gegliederten Garten mit im Wesentlichen regelmäßiger Gestaltung abgelöst wurde.

Die Vorbilder hierzu kamen aus England. Insbesondere die beiden Architekten Reginald Blomfield und Francis Inigo Thomas haben die Reformdiskussion zur Gartengestaltung ausgelöst, als sie im Jahr 1892 ihr Buch »The Formal Garden in England« veröffentlichten. Sie definieren darin den architektonischen Garten wie folgt: *»Die Grundfrage ist sehr einfach: Soll der Garten in seiner Beziehung zum Haus betrachtet werden und wesentlicher Bestandteil eines Gesamtentwurfes sein, dessen Qualität vom Zusammenspiel zwischen Haus und Garten abhängt? Oder darf man die Beziehung zwischen Haus und Garten vernachlässigen? Die Gestaltung des Gartens besteht in der Ausdehnung der formalen*

Prinzipien des Hauses auf die Umgebung. Das Ziel der formalen Gartengestaltung ist es, Haus und Garten in Harmonie zu bringen, das Haus in seine Umgebung einzubinden und zu verhindern, dass es zu einem Auswuchs im Antlitz der Natur wird. Das Gebäude wird niemals aussehen, als ob es ein Bestandteil der Natur wäre, es sei denn, man wäre mit einer Gras bewachsenen Lehmhütte zufrieden. Hingegen lässt sich der umgebende Garten nach einem Grundriss ordnen, in unterschiedlichen Ebenen gestalten, und schließlich lassen sich Bäume und Hecken exakt so anpflanzen, wie man es haben möchte. Somit kann es gelingen, Natur und Architektur in Einklang zu bringen. Die dabei entstehende Harmonie basiert nicht auf einer kunstvollen Nachahmung der Natur, sondern auf der Logik einer übergeordneten Idee, die dem Haus wie dem umgebenden Gelände ihren Stempel aufdrückt.«

Großherzog Ernst Ludwig war durch seine Reisen nach England bereits mit den neuen Strömungen in Kunst und Kunstgewerbe vertraut, und so gründete er im Jahr 1899 die Künstlerkolonie auf der Mathildenhöhe. Zur Verwirklichung seiner künstlerischen Ideen wurde dem neuen künstlerischen Leiter der Kolonie, dem Architekten Joseph Maria Olbrich, und sechs weiteren Mitgliedern der Künstlerkolonie das Areal südlich des heutigen Ausstellungsgebäudes zur Bebauung zugewiesen. Olbrich erstellte für die gesamte Anlage einen Gestaltungsplan mit der Absicht, ein Gesamtkunstwerk aus Architektur und Gartenkunst zu schaffen, das dem großen Sehnen nach Ästhetik in Kunst und Kultur der damaligen Zeit gerecht wurde. Musikdarbietungen, Gartenkunst, Theateraufführungen und Lichtinszenierungen sollten den grundlegenden reformerischen Ansatz der Künstlerkolonie vermitteln.

Das Rückgrat der Gesamtkonzeption für die Künstlerkolonie bildete eine Achse, die sich vom Ateliergebäude am höchsten Punkt bis hinunter zum (heutigen) Prinz-Christians-Weg erstreckte. An dieser Achse waren in symmetrischer Anordnung die Wohnhäuser der Künstler gruppiert. Die Russische Kapelle wurde als bestehendes Gebäude von Beginn an in die Gesamtkonzeption miteingebunden.

Olbrich entwickelte auf der Grundlage des vorhandenen Bebauungsplans von Karl Hofmann aus dem Jahr 1887 mehrere

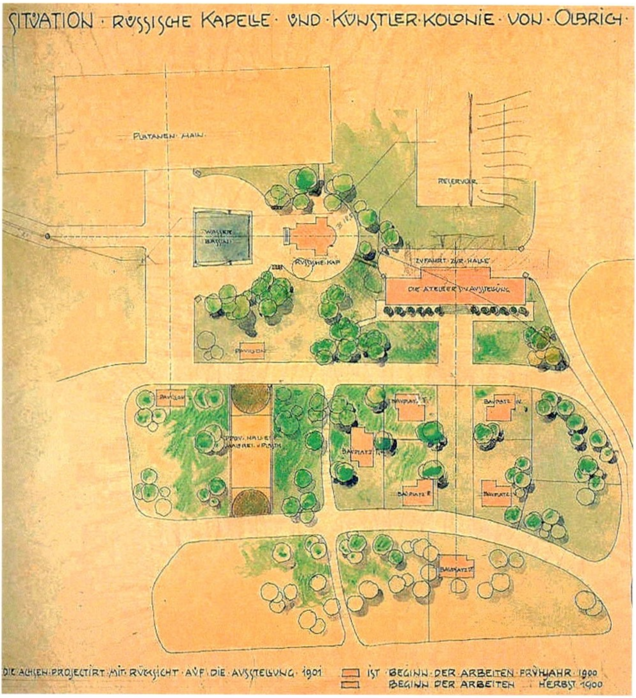

Entwurfsskizze: Situation Russische Kapelle und Künstlerkolonie, Olbrich, 1899

Gestaltungsvarianten für das Ausstellungsgelände. Eine dieser Varianten zeigt bereits die Idee der Anlage eines Wasserbeckens, die jedoch erst im Zuge der letzten Ausstellung 1914 von Albin Müller verwirklicht wurde. Der Platz um die Russische Kapelle ist in den ersten Entwürfen von Olbrich noch als kreisrunde Kiesfläche skizziert, die in dieser Form jedoch nicht zur Ausführung kam. Stattdessen wurde die Außenanlage der Russischen Kapelle als ein Rechteck mit abgeflachten Ecken ausgeformt und mit einem Metallzaun eingefriedet. An den Längsseiten der Kapelle wurden von Olbrich je zwei Bäume geplant. Die Böschungen waren als Vegetationsflächen ausgestaltet, während sich die Fläche innerhalb der Umzäunung als Kiesfläche präsentierte. In die

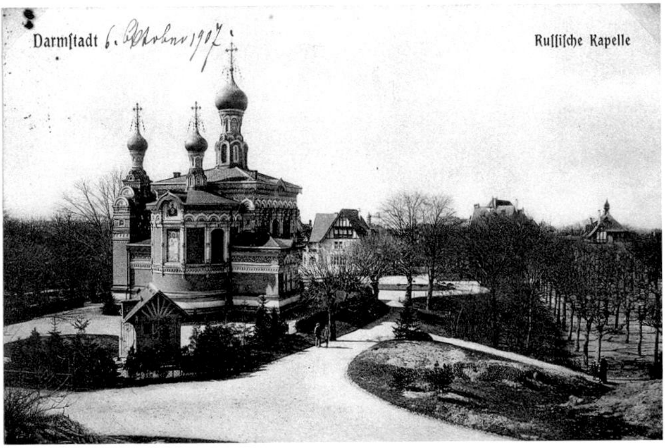

Russische Kapelle, um 1905

Kiesfläche innerhalb der Umzäunung auf der Ostseite der Kapelle war ein kreisrundes Pflanzbeet eingelassen.

In der Achse zum Hauptportal wurde anstelle des ursprünglich angedachten Wasserbeckens ein kreisrundes vertieftes Blumenparterre angelegt, in dessen Mitte ein langgestrecktes, dreizackiges Blumenbeet (Teppichbeet) gepflanzt wurde. Dieses große Blumenparterre symbolisiert die Form eines Kronenteppichs, der der Jahreszeit entsprechend mit einem monochromen Farbmuster gestaltet wurde. Dieses Gestaltungselement wurde an verschiedenen Stellen auf dem Ausstellungsgelände wiederholt. Die Kronenteppiche wurden dabei meist rechts und links mit einer Reihe ca. ein Meter hoher hochstämmiger Buchsbäumchen begrenzt.

Mit der Gestaltung der Außenanlagen griff Olbrich die gartenreformerische Bewegung auf und setzte den geschwungenen Linien des Landschaftsparks geometrische Gestaltungsmuster entgegen, die nicht nur im Bereich der öffentlichen Anlagen (Außenanlage Russische Kapelle, Achse Ernst Ludwig-Haus), sondern insbesondere auch in den Gärten der Künstlerhäuser sichtbar wurden. Er nutzte dabei geschickt das bewegte Gelände für seine Gartengestaltung aus. Der Reiz der einfachen

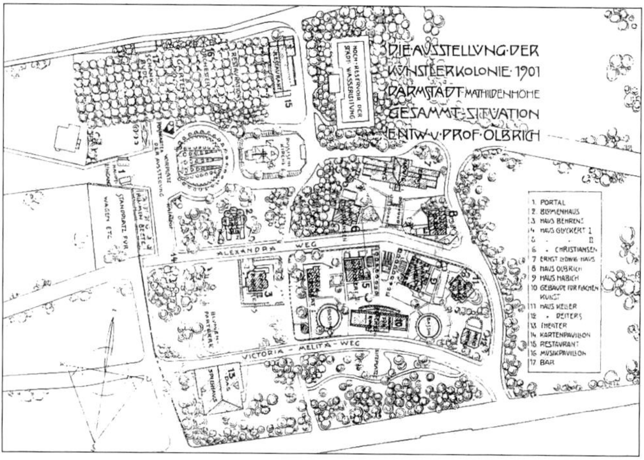

Gestaltungsplan von Joseph Maria Olbrich für die Künstlerkolonie-Ausstellung 1901

Blumen, die Schönheit der Obst- und Küchengärten und der gestalterische Wert der in Bruchstein oder Ziegel ausgeführten Gartenmauern wurde zu dieser Zeit wiederentdeckt. Die von Olbrich angelegten Kronenbeete wirkten durch ihre starke Farbigkeit, die er dadurch erzielte, dass er die Beete jeweils nur mit einer Farbe bepflanzte.

Nach der letzten Künstlerkolonie-Ausstellung 1914, die wegen des Ausbruchs des Ersten Weltkrieges vorzeitig beendet werden musste, fiel die Mathildenhöhe in einen Dornröschenschlaf. Die Gartenanlagen wurden nicht mehr gepflegt und wucherten vor sich hin. Im Zweiten Weltkrieg wurden schließlich auch die Gebäude zum Teil erheblich zerstört.

Umgestaltung der Außenanlagen der Mathildenhöhe

Nach der Auslobung eines Wettbewerbs im Juni 1960 wurde die Erich-Ollenhauer-Promenade als Verbindungsweg zwischen Schloss und Rosenhöhe ausgebaut, ohne allerdings die Errungenschaften der Künstlerkolonie ausreichend in die Neukonzeption einzubeziehen. Der Ausbau führte zu einer grundlegenden Veränderung der Parkanlage. Materialwahl und Formensprache entsprachen dem Zeitgeschmack der 1960er-Jahre. Die wegebegleitenden Pflanzbeete wurden angelegt. Waschbetonplatten und Porphyrpflaster kamen zur Befestigung der ehemaligen Kiesflächen als Wegebeläge zum Einsatz. Im Kernbereich der Mathildenhöhe wurden diese Veränderungen im Zuge der Rekonstruktion des Ausstellungsareals zwischenzeitlich jedoch wieder beseitigt.

Im Umfeld der Russischen Kapelle wurden Pflanzbeete angelegt, die in die Platzfläche hineinragten und den befestigten Wegebelag an den Rändern auflösten. Die Rasenfläche wurde von

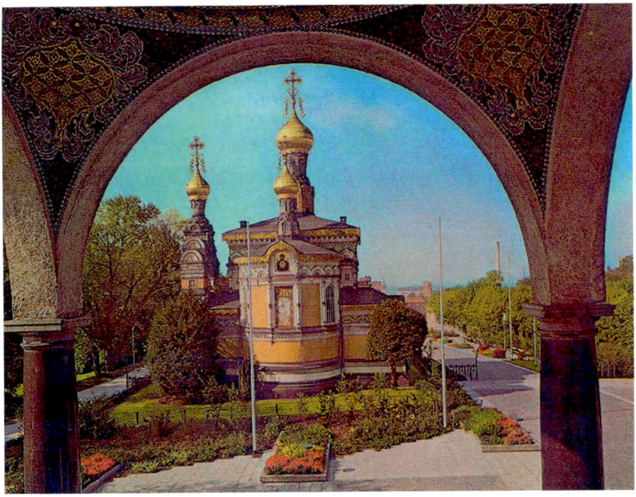

Blick auf die Rückseite der Russischen Kapelle, um 1963

Pflanzflächen begrenzt, in die sehr abwechselungsreich Kirschlorbeer, Feuerdorn, Flügelspindelstrauch, Eiben, Zwergmispel, Fingerstrauch sowie Rosen und Stauden gepflanzt wurden. Im Laufe der letzten zwanzig Jahre hat sich die Außenanlage rund um die Russische Kapelle durch mangelnde Pflege zu einer flächendeckenden, immergrünen und mannshohen Gebüschpflanzung entwickelt, die letztendlich von Kirschlorbeer und Eiben dominiert wurde.

Im Zuge der erforderlichen Restaurierungs- und Sanierungsarbeiten an der Kapelle mussten die Gehölze während der Bauarbeiten zu großen Teilen gerodet werden, um am Gebäude arbeiten zu können. Durch die dringend erforderlichen Baumaßnahmen an dem Gebäude hatte nun auch die Außenanlage so stark gelitten, dass eine Neugestaltung erforderlich wurde. Die Sanierung des Bauwerks war also schließlich Auslöser dafür, sich auf die historische Gestaltung der Außenanlage der Russischen Kapelle um die Zeit der Jahrhundertwende wieder neu zu besinnen.

Die Neugestaltung orientierte sich am Entwurf des Gestaltungsplans für die erste Künstlerkolonie-Ausstellung von Joseph Maria Olbrich von 1899, allerdings mit leichten Abwandlungen. Die Anlage wurde im Herbst/Winter 2007/2008 in einfacher geometrischer Form mit wenigen gestalterischen Elementen umgebaut. Um den Grundriss entsprechend der Planung Olbrichs wiederherzustellen, war es erforderlich, die südöstliche Ecke entsprechend der Geometrie abzuflachen. Aus funktionalen Gründen wurde dort als Abgrenzung zur umgebenden Kiesfläche ein noch fehlendes Teilstück einer Pflasterrinne aus Porphyrsteinen eingebaut, um das Wasser abführen zu können. Die Grünfläche rund um die Kirche umfriedet nun ein Metallgitterzaun nach historischem Vorbild.

Der Zaun trennt die Rasenfläche, die die Kirche umgibt, vom umlaufenden Pflanzbeet, das mit bodendeckenden gelben Beetrosen (»Gelber Engel«) flächig bepflanzt ist (monochromes Pflanzbeet). Die gelbe Rose korrespondiert in ihrer Farbe mit der Kuppel der Kapelle. In der Rasenfläche, die mit einer Metalleinfassung vom Pflanzbeet abgegrenzt ist, setzen gelbe Krokusse bereits im Frühjahr einen farbenfrohen Akzent.

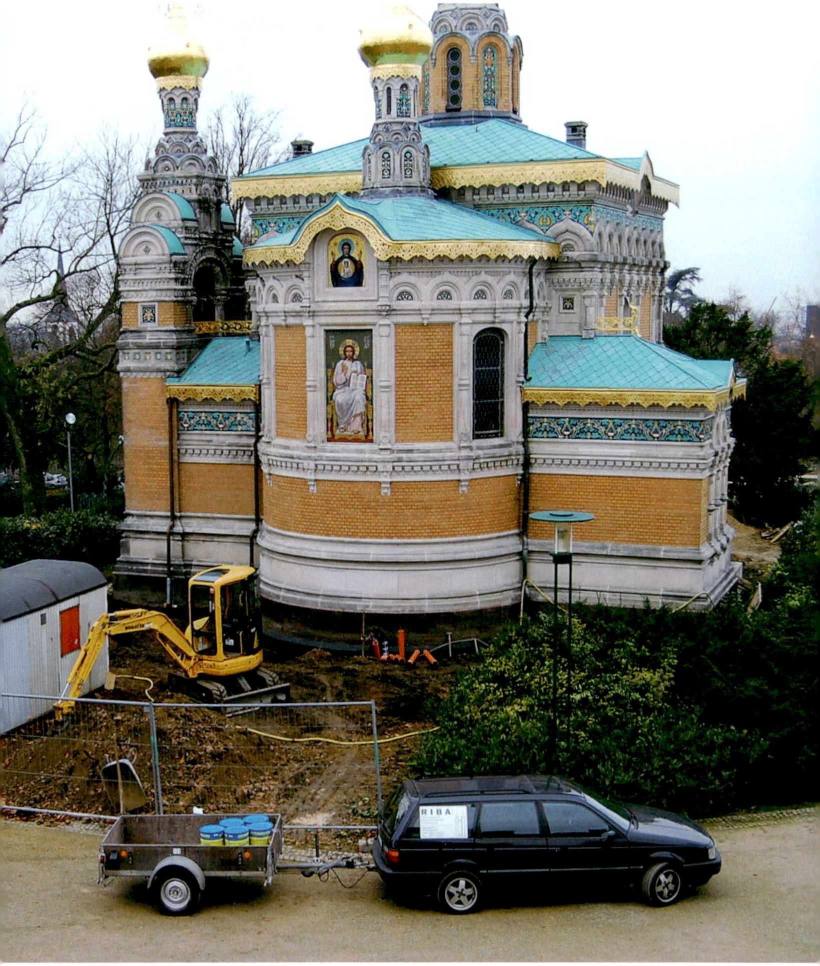

Blick auf die Russische Kapelle, Sanierungsarbeiten im Jahr 2006

Die in der Zwischenzeit am Eingangsportal rechts und links emporgewachsenen Eiben verdeckten seit Jahren die Sicht auf die Vorderseite der Kapelle. Sie wurden im Zuge der Neugestaltung gefällt und durch vier neue Eiben in Kegelformschnitt, jeweils

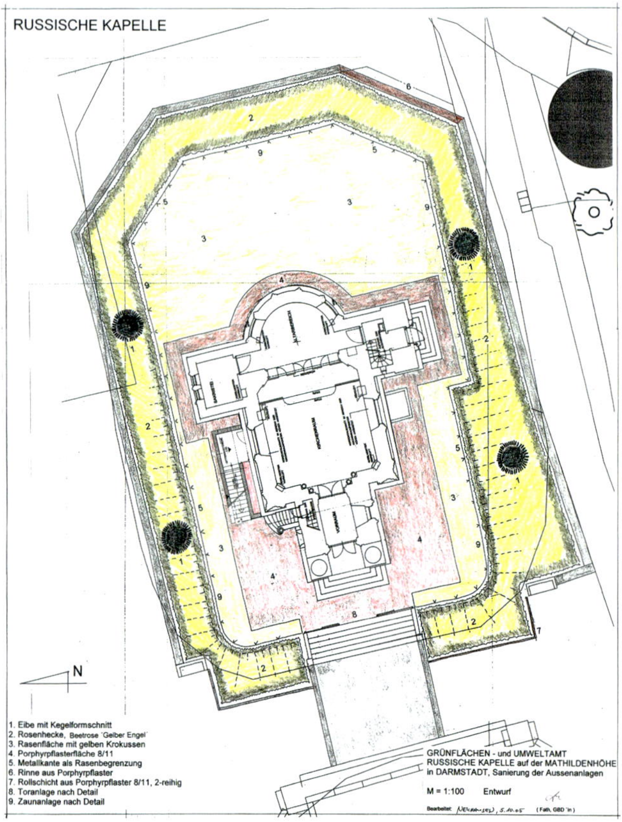

Plan zur Neugestaltung der Außenanlage der Russischen Kapelle, 2005

zwei an den Längsseiten der Kapelle, ersetzt, so wie Olbrich es bereits 1899 vorgesehen hatte. Die Böschungen an der Stirnseite der Kapelle wurden ebenfalls mit gelben Rosen bepflanzt.

SANIERUNGS- UND RESTAURIERUNGS-MASSNAHMEN 2004 BIS 2007

Hansjürgen Westermeyer

Anlass für die Maßnahmen

Die letzte Sanierung der Russischen Kapelle, einschließlich der Restaurierungsmaßnahmen im Innenraum, war Mitte der 1970er-Jahre durchgeführt worden. Die aufgetretenen Schäden am Dach und an den Fassaden hatten seitdem starke Durchfeuchtungen in den Kuppeln und Außenwänden der Kirche verursacht. Außerdem waren am Glockenturm statische Probleme durch defekte Zuganker in der Bogenabtragung entstanden.

Diese alarmierenden Schadensbefunde machten es erforderlich, über umfangreiche Sanierungsmaßmahmen nachzudenken, die aufgrund der zu erwartenden Kosten nur unter Beteiligung zahlreicher Institutionen möglich waren.

So wurde im Herbst 2002 ein Kuratorium unter Vorsitz des Alt-Oberbürgermeisters Peter Benz gegründet, dem weitere namhafte Persönlichkeiten angehörten: Moritz Landgraf von Hessen, Bischof Prof. Dr. Karl Kardinal Lehmann, Kirchenpräsident Prof. Dr. Peter Steinacker, Prof. Dr. Eckhart Franz, Ruth Wagner, ehemalige Hessische Ministerin für Wissenschaft und Kunst, sowie Mark, Erzbischof der Russisch-Orthodoxen Diözese von Berlin und Deutschland. Das Kuratorium übernahm die Schirmherrschaft für die Sanierungs- und Restaurierungsmaßnahmen.

In Beratungen mit Fachingenieuren und Denkmalpflegern wurden die notwendigen Maßnahmen festgestellt und daraus eine detaillierte Kostenkalkulation erarbeitet. Die Finanzierung erfolgte schließlich durch das Land Hessen, eingeschlossen die Landesdenkmalpflege, die Wissenschaftsstadt Darmstadt, die Russisch-Orthodoxe Kirche im Ausland sowie private und öffentliche Spenden.

Ausgeführte Einzelmaßnahmen

Vor Beginn des ersten Bauabschnittes wurde der Glockenturm statisch saniert. Die stark gerosteten Zuganker zur Sicherung des Turmbogens, von dem die Glockenturmkuppel abgetragen wird, verursachten starke Rissbildungen in der Sandstein-Tragkonstruktion. Durch den Einbau neuer Edelstahl-Zugstäbe mit Vorspannung wurde die Tragfähigkeit wiederhergestellt.

Der erste Bauabschnitt war vorrangig der Sanierung aller Dachflächen gewidmet. Das gesamte Gebäude wurde eingerüstet, einschließlich der Kuppeln. Die Bleieindeckungen an den Turmeinschnürungen wurden erneuert, vor allem wurden die Anschlüsse zwischen den Dachteilen und den aufgehenden Wänden durch konstruktive Details gedichtet. Wegen Undichtigkeiten war das Mauerwerk dort stark durchfeuchtet, wodurch im Innenraum große Schäden entstanden waren.

Bei der Öffnung der Bleideckungen am Hauptturm wurde festgestellt, dass der dortige Stahl-Ringanker stark gerostet war. Auch hier wurde eine statische Sanierung durchgeführt. An zwei Türmen wurden die Fenster erneuert, da die Profile durchgerostet waren und der Rost die Sandsteinfassade aufgesprengt hatte. Alle Kupfer-Schindel-Dächer der Kirche wurden entsprechend der historischen Schindelung mit vorpatinierten Kupferschindeln neu gedeckt. Dabei wurden auch die Rinnen und Fallrohre instand gesetzt, die Zierblenden an den Dachrändern repariert, neu vergoldet und wieder montiert und der Blitzschutz auf den Dächern und Kuppeln erneuert.

Bei der Arbeit an den Turmfassaden (Reinigung, Verfugungen, Ergänzung von ausgebrochenen Sandsteinpartien) wurde deutlich, dass auch die Kuppelvergoldung sehr geschädigt war und einer Erneuerung bedurfte. Diese Maßnahme war jedoch im Rahmen der Gesamtfinanzierung nicht vorgesehen gewesen. Deshalb mussten weitere Spenden eingeworben werden, was schließlich mit Hilfe einer privaten Initiative gelang. So konnten alle drei Kuppeln, einschließlich der bekrönenden Kreuze und Abspannungen, neu vergoldet werden.

Während des ersten Bauabschnitts wurden auch die technischen Anlagen der Kirche erneuert. Es wurde eine neue, gasbetriebene Warmluftheizung für die Kirchenräume eingebaut. Die Sanitärinstallationen und die Elektroinstallationen wurden, dem Stand der Technik entsprechend, erneuert. Brandschutzmaßnahmen wurden in diesem Zusammenhang ergänzt.

Der zweite Bauabschnitt umfasste vor allem die Fassadensanierungen. Dabei wurden die Oberflächen der Sandstein-Fassadenteile gereinigt und wo nötig entsalzt und gefestigt. Die Verfugungen waren in weiten Bereichen stark ausgebrochen und dort war Wasser eingedrungen. Sie mussten daher komplett neu verfugt werden, um das Eindringen von Regen zu vermeiden. Die Klinkerflächen der Fassaden wurden ebenfalls gereinigt und alle vertieft liegenden Fugen so ausgebessert bzw. erneuert, dass auch die dortigen Undichtigkeiten wieder beseitigt wurden. Außerdem wurden an den Majolika-Friesen größere Fehlstellen ergänzt und auch dort offene Verfugungen geschlossen.

Die Regenwasserkanäle rund um das Gebäude wurden erneuert, da undichte Teilbereiche das Kellermauerwerk durchfeuchteten. Die Kelleraußenwände wurden außenseitig abgedichtet. Bisher fehlte diese Abdichtung im tieferen Bereich.

Die Kirchengemeinde nutzt die Kellerräume auch zu Versammlungszwecken, da sie keine anderen Räumlichkeiten zur Verfügung hat. Der Zugang erfolgte bisher über eine viel zu enge, steile Treppe (früher Zugang in den Kokskeller). Zur gefahrlosen Begehung dieser Räume wurde nun eine Außentreppe neben der Kirche auf der Nordseite neu ergänzt. Parallel dazu wurden die Kellerräume modernisiert und neu ausgestattet.

Der erste und zweite Bauabschnitt wurden von April 2004 bis März 2006 ohne Baupause durchgeführt. Vor dem Beginn des dritten Bauabschnitts, der Innenrestaurierung, musste dann eine Pause eingelegt werden, um die in den Kuppeln und Wänden eingelagerte Feuchtigkeit austrocknen zu lassen. Ein Sommer mit warmen Außentemperaturen und ein Winter mit Innenheizung des Gebäudes bereiteten die Bedingungen für die Innenrestaurierung der Außenhülle vor.

Der dritte Bauabschnitt konnte schließlich im April 2007 begonnen werden. Durch eingehende Voruntersuchungen wurden die Maßnahmen und Arbeitsabläufe der Restauratoren abgestimmt. An allen Kuppelflächen und allen Wänden mussten die

Ablagerungen, vor allem Kerzenruß und Staub, gründlich in mehreren Arbeitsgängen entfernt werden. Dabei waren sowohl die Kalk-Kasein-Bemalungen als auch die flächigen Vergoldungen der Oberflächen zu behandeln.

An vielen Stellen gab es teils großflächige Putzschäden, die durch eingedrungene Nässe (undichte Dach- und Fassadenbereiche) entstanden waren. Vor allem in der Laterne über dem Hauptraum waren starke Wasserschäden erkennbar.

Diese Putzschäden wurden saniert und die verloren gegangenen Malereien wurden retuschiert oder ergänzt. Dabei wurden die alten Maltechniken zugrunde gelegt und die ornamentalen Muster auf den Wänden erneuert. Die stark profilierten Sandsteinbögen im Eingangsbereich und an der Fürstenloge mussten von einer dicken Ruß- und Staubschicht befreit werden. Hier war viel Mühe aufzuwenden, da im porösen Sandstein die Schmutzschicht stark haftet.

Der gesamte Apsisbereich mit seinem wunderbaren Glasmosaik war ebenfalls mit Ablagerungen überzogen und sehr dunkel. Die gesamte Fläche wurde nass gereinigt, damit sie wieder ihre ursprüngliche, eindrucksvolle Wirkung entfalten kann.

Auch die Nebenräume wie die Sakristei, der Eingangsbereich und die Fürstenloge sowie der Zugang in den Glockenturm wurden überarbeitet und technisch verbessert.

DIE RUSSISCH-ORTHODOXE KIRCHE IN DEUTSCHLAND UND IHRE GEMEINDE IN DARMSTADT BIS HEUTE

Michael Gorachek

Die Russisch-Orthodoxe Kirche in Deutschland

Im Jahre 988 wurde die Taufe Russlands durch den hl. Großfürsten Wladimir I. (960–1015) vollzogen und das Land von Byzanz her in seiner historisch-kulturellen Entwicklung fest mit dem orthodoxen Christentum verbunden.

Infolge der Oktoberrevolution von 1917 und des nachfolgenden Bürgerkrieges in Russland kamen viele russische Emigranten nach Deutschland – die Zahlen schwankten je nach Jahrgang zwischen 80000 und 300000. Sie nutzten die bereits vorhandenen orthodoxen Gotteshäuser aus der Zarenzeit, so auch die Kirche der heiligen Maria Magdalena in Darmstadt, bauten später aber auch neue Kirchen. Sowohl die Ausbreitung des atheistischen Kommunismus im Europa des 20. Jahrhunderts als auch die ökonomische Situation der 1960er- und 1970er-Jahre führte weitere orthodoxe Gläubige nach Deutschland (neben Russen und Ukrainern auch Griechen, Serben, Rumänen, Bulgaren und Georgier).

Die große Zahl russischer Emigranten in Deutschland rechtfertigte die Errichtung einer selbstständigen russischen Diözese in Deutschland. Seit 1924 Vikariat, ist die »Deutsche Diözese der Russischen Orthodoxen Kirche im Ausland« seit 1926 eigenständig im Verbund der russischen Auslandskirche. Im Jahre 1936 wurde die Diözese als Körperschaft des öffentlichen Rechts anerkannt. Die offizielle Bezeichnung lautet seitdem »Russisch-Orthodoxe Diözese des orthodoxen Bischofs von Berlin und Deutschland«. Nach orthodoxem Kirchenrecht war damit der amtierende »Orthodoxe Bischof von Berlin und Deutschland« für alle orthodoxen Gläubigen in Deutschland, gleich welcher Nationalität, zuständig. Im nachfolgenden »Gesetz über den Grundbesitz der russisch-orthodoxen Kirche in Deutschland« von 1938 wird neben anderen Kirchen auch der Besitz in Darmstadt erwähnt. Es heißt in § 1 der unter anderem in Darmstadt *»gelegene für die Zwecke der russisch-orthodoxen Kirche bestimmte Grundbesitz soll diesem Zweck erhalten bleiben«*.

Die Bewahrung und Entfaltung des kirchlichen Lebens in der Zwischenkriegszeit vollzog sich in etwa zwanzig russisch-orthodoxen Gemeinden in Deutschland. Nach dem Zweiten Weltkrieg stieg die Zahl der Gemeinden auf über 200 an. Die Gläubigen wurden nach 1945 von 15 Bischöfen und über 300 Priestern betreut. Allein in München gab es 14 russische Gemeinden und das Mönchskloster zu Ehren des hl. Hiob von Počaev. 1922–45 war Berlin Zentrum der russischen Emigration und zugleich Sitz des Leiters der Diözese, dann aber verlagerte sich infolge der politischen Gegebenheiten der Schwerpunkt der kirchlichen Leitung in der Emigration nach München. Hier residierten 1945–49 auch das Oberhaupt der Russisch-Orthodoxen Kirche im Ausland, Metropolit Anastasij, und der Bischofssynod. Dieser Teil der Russischen Kirche, der verkürzt auch als »Russische Auslandskirche« bezeichnet wird, entstand nach der kommunistischen Oktoberrevolution aus der pastoralen Notwendigkeit, das kirchliche Leben der an die 2,5 Mio. zählenden russischen Emigranten zu regeln und zu entwickeln. Zur Russischen Auslandskirche gehörten in der Zwischenkriegszeit weltweit rund 1000 Gemeinden. Nach herben Verlusten infolge der Umbrüche in Osteuropa, im Nahen und Fernen Osten, gibt es heute noch ca. 350 Gemeinden, mehr als zwanzig monastische Gemeinschaften, ein Priesterseminar und zahlreiche soziale, karitative, schulische und sonstige kirchliche Einrichtungen sowie ein umfassendes Druckerei- und Verlagswesen.

Die große Bedeutung der Kirchen in den westlichen Flüchtlingslagern geht aus einer zeitgenössischen Schilderung aus dem Jahre 1946 hervor: *»Zahlreiche orthodoxe Kirchen, die von den Flüchtlingen eingerichtet wurden, stellen heute Zentren geistlichen Lebens von hohem Niveau dar. Nach den Schrecknissen des Krieges, dem Verlust von Verwandten und Freunden … und nach langen Monaten der Unruhe und Unsicherheit hinsichtlich der Zukunft, sind die orthodoxen Gläubigen um ihre Kirchen vereint.*

Auch in den Kirchen, die schon früher auf dem Territorium Deutschlands lagen, ist das kirchliche Leben wieder aufgeblüht.« Die Geistlichen mussten sich nicht nur um die Seelsorge kümmern. Schulunterricht, Arbeits- und Wohnungsbeschaffung, Familienzusammenführung, Passangelegenheiten usw. gehörten zur täglichen Gemeindearbeit. In München hatte die Kirchenleitung ein kirchliches Auswanderungsbüro gegründet, da sich dank kirchlicher Initiativen Länder in Übersee zur Aufnahme der Flüchtlinge bereitfanden. Die enge Verbundenheit zwischen den Gläubigen und der Kirche drückte sich auch darin aus, dass ganze Gemeinden mit ihren Geistlichen gemeinsam auswanderten. Die Auswanderungen dauerten bis Ende der 1950er-Jahre. Die Folge der Auswanderungen war natürlich ein zahlenmäßiger Rückgang der Gemeinden, da oft nur einzelne Familien zurückblieben. Noch bis Anfang der 1970er-Jahre gab es in Deutschland 140 Orte, an denen Restgemeinden bestanden und mehrmals im Jahr Gottesdienste zelebriert wurden. Allmählich aber mussten die meisten dieser kleinen Gemeinden geschlossen werden.

Zu den Aufgaben der Geistlichkeit gehört natürlich zunächst das liturgische Leben in seiner ganzen Fülle, aber zugleich auch die pastorale Fürsorge um Gläubige, die die Gottesdienste nicht besuchen können – alte und kranke Menschen in der Diaspora, weiterhin die Jugendarbeit (Katechese, Gemeindeschulen, Betreuung der russischen Pfadfinder), Integration der Zuwanderer aus der ehemaligen Sowjetunion sowie karitative Tätigkeiten. Hierzu und zum Erhalt der historischen Kirchen in Deutschland leistet die von der Diözese gegründete »Russische Orthodoxe Kirchenstiftung für Wissenschaft, Denkmalpflege und Mildtätigkeit« einen wertvollen Beitrag.

Heute bekennen sich rund 1,5 Mio. Menschen in Deutschland zur Orthodoxie. Etwa 400 000 Gläubige gehören zur Serbisch-Orthodoxen Kirche, 400 000 zur Griechisch-Orthodoxen Kirche, 300 000 zur Rumänischen Kirche und rund 200 000 zur Russisch-Orthodoxen Kirche. Die Orthodoxe Kirche ist damit die drittstärkste christliche Kirche in Deutschland.

Vor dem Hintergrund der Zuwanderung in den letzten beiden Jahrzehnten gibt es eine wachsende Zahl russisch-orthodoxer Gemeinden, inzwischen über 100, sowie das Mönchskloster des hl. Hiob von Počaev in München und das Nonnenkloster zu Ehren der hl. Neumärtyrerin und Großfürstin Elisabeth (Elisabeth von Hessen-Darmstadt, Schwester der letzten russischen Zarin Alexandra) in Buchendorf (bei München). Die Russische Kirche von heute hat daher mit ihrer fast 300-jährigen Tradition in Deutschland nicht nur kirchenhistorisch, sondern auch kulturgeschichtlich eine herausragende Bedeutung.

Das Bestehen von Gemeinden, die auf mittlerweile 60 bis 90 Jahre kontinuierliche Tradition zurückblicken können, führte zur Zunahme Deutsch sprechender Gemeindemitglieder. Diese in den 1960er- bis 1980er-Jahren erfolgte Wandlung von einer Kirche der Emigranten zur bodenständigen Kirche dokumentiert sich auch darin, dass in vielen Gemeinden Gottesdienste in zwei Sprachen gehalten werden. Dieser Zweisprachigkeit tragen vor allem der Verlag und die Druckerei des Klosters in München Rechnung, die mit der Publikation von deutschsprachigen liturgischen und katechetischen Texten im größeren Umfang begannen und so ihren Beitrag zur Schaffung einer deutschsprachigen Orthodoxie leisteten und immer noch leisten.

Die Publikation deutschsprachigen orthodoxen Schrifttums begann allerdings bereits im 19. Jahrhundert durch den damaligen Erzpriester an der Berliner russischen Botschaftskirche, Protopresbyter Aleksej Malcev. Seine Übersetzungen bildeten über Jahrzehnte die Grundlage für deutschsprachiges orthodoxes Schrifttum. In den letzten Jahren wurden einige dieser Übersetzungen von der Hiob-Bruderschaft überarbeitet und neu verlegt. Ergänzt wurden diese Texte durch weiteres liturgisches und katechetisches Schrifttum (z. B. die Gottesdienste der Großen Fastenzeit, Liturgie, Abend- und Morgengottesdienst, Gebetbuch etc.). Um einem breiteren Kreis von Interessierten orthodoxe Spiritualität zu vermitteln, gibt es seit 1965 orthodoxe Seminare auch in deutscher Sprache, zunächst in Frankfurt, dann im Hiob-Kloster in München und seit 1993 an der Münchner Gemeinde. Bei diesen mehrtägigen Begegnungen werden Vorträge orthodoxer Theologen aus verschiedenen Ländern gehört und mit der gottesdienstlichen Praxis vor Ort verbunden.

Heute wird die Russische Orthodoxie in Deutschland nicht mehr nur durch Gemeinden der Russischen Auslandskirche repräsentiert, die in der Bundesrepublik bis zur Wiedervereinigung Deutschlands nahezu der alleinige Vertreter der Seelsorge für russische Gläubige war. Durch den Fall des Kommunismus zunächst in Ostdeutschland und dann in der Sowjetunion kam es zur intensiveren Berührung zwischen den beiden Teilen der Russischen Kirche, die einen völlig unterschiedlichen historischen Weg hinter sich hatten. Im ersten Jahrzehnt war dies alles andere als unproblematisch, denn auch die Umbrüche in der russischen Gesellschaft spiegelten sich verschiedenartig in den russisch-orthodoxen Gemeinden und deren Gemeindemitgliedern wider.

Durch die Zuwanderung nach Deutschland erhielten gleichzeitig sowohl die Gemeinden der Russischen Auslandskirche als auch die des Moskauer Patriarchats in Deutschland großen Zulauf. Heute könnte hierzulande praktisch in jeder mittelgroßen Stadt eine neue russisch-orthodoxe Gemeinde gegründet werden, wenn es nur genügend Priester gäbe. Für die Geistlichkeit der beiden Teile der russischen Kirche stellt sich – neben der Betreuung der etablierten Gemeinden – die Aufgabe, auch diejenigen Gläubigen, die jahrzehntelang keine Möglichkeit zum Kirchenbesuch hatten, seelsorgerisch zu betreuen. Besonders wichtig ist hier die mit der Integration der Neuankommenden eng verbundene pastorale Arbeit, da viele Auswanderer zwar orthodox getauft wurden, aber aufgrund der Situation in der ehemaligen Sowjetunion das kirchliche und religiöse Leben kaum kennen.

Am Himmelfahrtsfest 2007 wurde durch die Unterzeichnung des »Aktes der kanonischen Gemeinschaft« die langjährige Trennung der beiden Teile der Russischen Kirche endlich aufgehoben. Diese Trennung hatte historische und kirchenpolitische Ursachen, die erst aufgearbeitet werden mussten und jetzt noch im praktischen kirchlichen Leben zu überwinden sind. Der erste Schritt zu dieser Vereinigung wurde 1993 durch einen Dialog der Oberhäupter der beiden im vereinigten Deutschland tätigen Diözesen – Erzbischof Mark von der Auslandskirche und Erzbischof Feofan von der Patriarchatskirche – unternommen. Nach neun Gesprächsrunden, an denen jeweils auch mehrere Vertreter der Geistlichkeit der beiden Jurisdiktionen beteiligt waren, wurde im Dezember 1997 eine gemeinsame Erklärung vorgelegt, in der betont wurde, dass trotz bestehender Probleme und unterschiedlicher Bewertungen dieser Probleme diese *»kein absolutes Hindernis für eine eucharistische Gemeinschaft darstellen«*, da beide Teile der einen Russischen Kirche ihre Gnadenfülle bewahrt haben. Bedauert wurde, dass es nach wie vor *»Kräfte gibt, die an einer Vertiefung des Gegensatzes interessiert sind«*. Nahezu ein Jahrzehnt dauerte es dann noch bis zur Unterzeichnung des Schlussdokuments in Moskau. Alle Folgen der einstigen Spaltung werden aber nur mit der Zeit im gemeinsamen Wirken ausgeräumt werden. Aus der wachsenden Einheit aber wird die Orthodoxie in Deutschland neue Kraft schöpfen, um ihre nun schon jahrhundertealte Tradition weiter zu entfalten.

Das Leben der russisch-orthodoxen Gemeinde in Darmstadt

An der Kirchengemeinde der hl. Maria Magdalena zu Darmstadt und in deren Gemeinde kann man dieses gemeinsame Wirken ablesen, das dem Einigungsprozess zugrunde lag. Ihre Mitglieder sind in ihrer überwiegenden Mehrzahl Aussiedler aus der ehemaligen Sowjetunion oder berufsbedingt Reisende aus Russland, der Ukraine und anderen Ländern der GUS.

Die Kirche der hl. Maria Magdalena war ursprünglich als Familienkirche gebaut worden. Es gab keine ständige Gemeinde, welche die Kirche als Gotteshaus für Gottesdienste nutzte. Vor dem Ersten Weltkrieg wurden hier Gottesdienste nur anlässlich der Besuche der Zarenfamilie, zu den Patronatsfesten der Zarenfamilie und zum Patronatsfest der Kirche von Geistlichen aus Wiesbaden in Darmstadt zelebriert. Ein besonderes Ereignis war die Hochzeit des Prinzen Andreas von Griechenland und der Prinzessin Alice von Battenberg im Jahre 1903, die in der Russischen Kirche in Darmstadt gefeiert wurde. Die Zarenfamilie besuchte die Kirche noch einmal im Jahre 1910 – es war zugleich der letzte »private Gottesdienst« in der Kirche.

Nach dem Ersten Weltkrieg wurden in der Kirche nur noch selten Gottesdienste zu bestimmten Feiertagen gefeiert. Seit den 1930er-Jahren wurden am Gedenktag der Ermordung der Zarenfamilie Panichiden (Totengottesdienste) in der Kirche zelebriert.

Das Gemeindeleben erlebte einen Aufschwung, als im August 1945 Erzpriester Tichon Kiritschuk nach Darmstadt kam, wo sich ein Lager mit 3000 Serben und 200 orthodoxen Polen befand. In diesem Lager gab es eine Barackenkirche, in der regelmäßig Gottesdienste gefeiert wurden. Vater Tichon bemühte sich um die Wiedereröffnung der Kirche auf der Mathildenhöhe, um sie für Gottesdienste zu nutzen. Zuerst mussten jedoch die Kriegsschäden beseitigt werden.

Das Dach konnte provisorisch bis Oktober 1945 wiederhergestellt werden. Die übrigen Schäden wurden soweit beseitigt, dass erstmals Ende 1945 wieder ein Gottesdienst in der Kirche gefeiert werden konnte. Zum Weihnachtsfest 1945 (dem 6. Januar 1946 im gregorianischen Kalender) kamen etwa 200 russische Gläubige zum Gottesdienst. Zur Gemeinde gehörten in den ersten Nachkriegsjahren 300 bis 400 orthodoxe Christen verschiedener Nationalitäten. Viele Flüchtlinge lebten außerhalb der Stadt in den Lagern und mussten einen weiten Weg bis zur Kirche zurücklegen. Zum Patronatsfest im Jahre 1946 kam Erzbischof Filofej (von 1971–82 Oberhaupt der deutschen Diözese) nach Darmstadt. Es war der erste große bischöfliche Gottesdienst seit vielen Jahren: Mehr als zehn Geistliche konzelebrierten und es sang der Chor aus Wiesbaden, der durch Sänger aus Darmstadt verstärkt worden war.

Bis Mitte der 1950er-Jahre verfügte die Gemeinde über einen eigenen Priester, danach wurden die Gläubigen von Geistlichen aus München, Frankfurt und Wiesbaden mitbetreut. Die Mehrheit der Gemeindemitglieder war bis 1950 von Deutschland nach Übersee ausgewandert, die meisten Flüchtlingslager wurden bis 1955 aufgelöst.

Die Kirche in Darmstadt war seit Ende der 1950er-Jahre zugleich kirchliches Zentrum für den Raum Mannheim-Heidelberg, Mainz-Worms und Miltenberg-Aschaffenburg (unteres Maingebiet), wo es zahlreiche Gläubige und Gemeinden (ohne eigene Kirchen) gab. Im näheren Einzugsgebiet von Darmstadt lebten ca. 250 bis 300 Gläubige, doch kamen zu den Gottesdiensten an hohen kirchlichen Feiertagen aus dem gesamten Umland Gläubige nach Darmstadt.

An den Gottesdiensten nahmen zu dieser Zeit viele Serben teil, da die Gemeinde von einem serbischen Priester betreut wurde. Später wurde die Kirche ständig von der serbischen Gemeinde genutzt, die nunmehr einen eigenen Priester hatte. In diese Zeit fiel die große Renovierung der Jahre 1974–76, für deren Verwirklichung sich der evangelische Pfarrer Dr. Manfred Knodt einsetzte. Ihm sei an dieser Stelle nochmals herzlich für alles gedankt. Die Kellerräume wurden so umgestaltet, dass sie als Gemeinderäume genutzt werden konnten. Die Gottesdienste fanden regelmäßig statt, der Zulauf war groß.

Seit dem Jahre 1987 wurde die Gemeinde von einem in der deutschen Diözese zum Priester geweihten, aus Ostpolen stammenden Orthodoxen, Slawomir Iwaniuk, betreut, der zugleich Wiesbaden mitbetreute. Seitdem werden die Gottesdienste 14-tägig an Sonntagen sowie zu bestimmten Festtagen zelebriert. Zur Gemeinde gehören Russen, Serben, Griechen und Deutsche aus Darmstadt und Umgebung. Für das Gemeindeleben war es von großer Bedeutung, dass es auch einen Gemeinderaum gab, wo sich die Gläubigen nach den Gottesdiensten treffen, Gespräche mit dem Priester führen oder sich zwanglos miteinander unterhalten konnten.

Zwei Jahrzehnte begleitete Danilo Andic die Darmstädter Gemeinde als Kirchenältester und insbesondere als »Seele« der Kirche, bereitete Gottesdienste vor, führte Besucher durch die Kirche und sorgte sich mit seiner Gattin Maria auch um das leibliche Wohl der Gemeinde.

In den Jahren 1958–88 gab es noch eine zweite russische Kirche in Darmstadt, die der »Ikone der Allheiligen Gottesmutter von Kazan« gewidmet war und sich im russischen Altenheim in Darmstadt in der Rüdesheimerstr. 115 (ehemals: Untere Landkronstr. 115) befand. Das Altenheim, in dem 80 russisch-orthodoxe Emigranten lebten, war mit Unterstützung der Evangelischen Kirche errichtet worden. Die Ikonostase und die übrige Kircheneinrichtung stammten aus der russischen Kapelle des

Altenheims in Varel, das im Herbst 1957 geschlossen worden war. Die Betreuung der Altenheimbewohner lag über zehn Jahre in den Händen von Priester Nikodim Kafanov, der selber im Altenheim wohnte. Er zelebrierte – wie es viele treue russische Priester ungeachtet ihres hohen Alters tun – an allen Sonn- und Feiertagen Gottesdienste und die Vigil am Vorabend. Zahlreiche Altenheimbewohner besuchten aber auch die Gottesdienste auf der Mathildenhöhe. Zur Tradition gehörte es, dass das Weihnachtsfest von beiden Gemeinden gemeinsam gefeiert wurde. Die Altenheimkirche wurde im Jahre 1988 geschlossen, da sich unter den Heimbewohnern nur noch wenige Emigranten befanden.

Seit dem Jahre 1994 wird die Gemeinde in Darmstadt von Priester Ioann Grintschuk geleitet, der auch die Gemeinde in Kassel mitbetreut. Die Gemeinde ist weiter gewachsen durch den Zustrom von Aussiedlern, deren Familienmitglieder dem russisch-orthodoxen Glauben angehören, gläubigen Russen und Russinnen, die angeheiratet sind oder sich berufsmäßig in Darmstadt aufhalten, und, nicht zuletzt, vielen Kindern, die in dieser Kirche getauft wurden.

Vater Ioann tauft an vielen Tagen, nach intensiver Vorbereitung auch Erwachsene, und er hat in der Zeit seines Wirkens bis Ende 2007 gut 400 Kinder und Erwachsene getauft. Aktuell ist pro Jahr mit ca. 50 Taufen zu rechnen. Hochzeiten finden überwiegend an Sonntagen statt. Im Jahr 2006 gab es 15 Hochzeiten. Weitere Andachten, wie Totengedenken, Begräbnisse und Bittgottesdienste sind so häufig, dass sie nicht gezählt werden.

Nach den Sonntagsgottesdiensten trifft sich die Gemeinde derzeit noch im Saal der benachbarten evangelischen Stiftsgemeinde zu einem gemeinsamen Essen und zu Gesprächen, auch seelsorgerischer Art. Vater Ioann nutzt diese Gelegenheiten, um Aktuelles zu berichten, zu lehren oder Fragen zum Glauben und zum kirchlichen Leben zu beantworten.
Die Gemeinde ist Pfarrer Klaus Stolze von der evangelischen Stiftsgemeinde sehr dankbar, dass er ihr in der Zeit, in der der eigene Gemeinderaum unter der Kirche renoviert und ausgebaut wurde, einen Ort der Versammlung zur Verfügung gestellt hat.

Als Mittelpunkt der Mathildenhöhe beteiligt sich die Darmstädter russisch-orthodoxe Gemeinde an den Aktionen und Festivitäten der Mathildenhöhe in der ihr jeweils möglichen Weise. Der Kirchenchor unter Leitung von Frau Natalia Kalugina trägt orthodoxe Gesänge vor, das Glockengeläut mit einer bislang noch sehr geringen Anzahl von Glocken wird kunstvoll von Herrn Martin Schaar geläutet und bezeichnet oft Anfang und Ende von Aktionstagen auf der Mathildenhöhe (Nacht der Kirchen). Die Kirche der hl. Maria Magdalena ist also nicht nur ein Kirchengebäude mit kunsthistorischer Bedeutung – das belegt die Gemeinde in eindrucksvoller Weise, wenn sie sich an Festtagen oder an zwei Sonntagen im Monat (je mit Vigil am Vorabend) zum liturgischen Gebet vereint, an dem bisweilen über 100 Gläubige am Gotteslob teilnehmen, das traditionell kirchenslawisch, aber auch mit deutschen Lesungen erklingt.

Die Kirche ist an allen Tagen geöffnet, sowohl zur Besichtigung als auch für Gläubige, die ein Gebet in der Kirche sprechen, eine Kerze anzünden oder ihr Leben still in die Hände Christi unseres Gottes legen wollen, der die Liebe ist (1. Joh. 4, 16) und dessen Auferstehung die Heilige Maria Magdalena den Aposteln verkündigt hat (Joh. 20, 18).

QUELLEN UND LITERATUR

Hessen und die Romanows

Franz, Eckhart G.: Großfürsten und Großherzöge. Darmstadts dynastische Beziehungen zum Zarenhaus. In: Russische Beziehungen zu Wiesbaden und Darmstadt, Wiesbaden 2007, S. 11–33.

Ders.: Willy, Nicky und Ernie – Vettern ja, »Vetternwirtschaft« nein! In: Hochschule – Geschichte – Stadt. Festschrift für Helmut Böhme, Darmstadt 2004, S. 171–187. Nachdruck in: Aus Hessens Geschichte. Aufsätze, Darmstadt 2007, S. 361–378.

Ders. (Hrsg): Erinnertes. Aufzeichnungen des letzten Großherzogs Ernst Ludwig von Hessen und bei Rhein. Mit einem biogr. Essay von Golo Mann, Darmstadt 1983.

Knodt, Manfred: Ernst Ludwig Großherzog von Hessen und bei Rhein. Sein Leben und seine Zeit, Darmstadt 1978.

Vickers, Hugo: Alice. Princess Andrew of Greece, London 2000.

Warwick, Christopher: Ella. Princess, Saint & Martyr, Chichester 2006.

Die Russisch-Orthodoxe Kapelle in Darmstadt – Eine Baugeschichte

http://www.bad-homburg.de/sc/Tourismus___Freizeit/Sehenswertes/Russische_Kirche/2007.asp

http://darmstadt.russian-church.de/index.php?id=12&sp=de&datum=2007-06-14

Franz, Eckhart G.: Die Stadt der Künstlerkolonie Darmstadt 1900–1914. In: Ein Dokument Deutscher Kunst. Darmstadt 1901–1976, Bd. 5, Darmstadt 1976, S. 8–35.

Gaede, Käte: Russische Orthodoxe Kirche in Deutschland in der ersten Hälfte des 20. Jahrhunderts, Köln 1985.

Knodt, Manfred: Die Russische Kapelle zu Darmstadt in Geschichte und Gegenwart, Sonderdruck aus dem Kirchlichen Jahrbuch 1974 für die evangelischen und katholischen Gemeinden von Darmstadt zur Renovierung der Kapelle 1974/75 zusammengestellt vom Bauausschuß für die Russische Kapelle durch Pfarrer Manfred Knodt.

Ders.: Rundblick vom Stadtkirchturm. Erinnerungen an Darmstadts Weg aus den Trümmern, Darmstadt 1993, S. 158–161.

Ders.: Russische Kapelle St. Maria Magdalena Darmstadt, München/Zürich ^{4}1989.

Russische Kirchen in deutschen Bädern. Begleitschrift zur Ausstellung vom 19. November 1989 bis 1. April 1990, Museum im Gotischen Haus, Hrsg. Magistrat der Stadt Bad Homburg v.d.Höhe, Begleitschrift Monika Gräfin Ignatiew, Dr. Roswitha Mattausch-Schirmbeck unter Mitarbeit von Elisabeth von Solodkoff, Bad Homburg v.d.Höhe 1989.

Thon, Nikolaus: Russische Sakralarchitektur im Ausland. Die russischen Kirchenbauten in Deutschland, Teil III: Hof-, Friedhof- und Gedächnis- sowie Gemeindekirchen – zusammenfassende künstlerische Würdigung. In: Zeitschrift für ostkirchliche Kunst Hermeneia, 5. Jg., Heft 1, März 1989, S. 14–29.

Viktor Wasnezow – Der Künstler der Russischen Kapelle
Mosaiken und Wandmalereien

Borisowa, Helena A./Grigori J. Sternin: Jugendstil in Russland. Architektur, Interieurs, bildende und angewandte Kunst, Stuttgart 1988.

Faensen, Hubert: Kirchen und Klöster im alten Russland, Wien 1982.

Fenster zur Ewigkeit. Ikonen und Entwürfe von Adam W. Russak. Ausstellungskatalog, Frankfurt am Main 1975.

Kirichenko, Evgenia: The Russian Style, London 1991.

Knodt, Manfred: Die Russische Kapelle zu Darmstadt in Geschichte und Gegenwart. Sonderdruck aus dem Kirchlichen Jahrbuch 1974 für die evangelischen und katholischen Gemeinden von Darmstadt zur Renovierung der Kapelle 1974/75. Zusammengestellt vom Bauausschuß für die Russische Kapelle durch Pfarrer Manfred Knodt.

Ders.: Russische Kapelle St. Maria Magdalena Darmstadt, München/Zürich [5]1992

Korotkina, Ludmitlla Wassileva: Viktor Wasnetzow Briefe. Neue Materialien. I.E. Repina, Staatl. Institut für Skulptur und Architektur, St. Petersburg 2004.

Lichatschow, Dimitrij S.: Die Kunst Russlands. Malerei und Architektur vom Mittelalter zur Moderne, Gütersloh/München 1992.

Shanina, Nadezhda: Victor Vasnetsov. Translated by V. Friedman, Leningrad 1979.

Die Außenanlagen der Russischen Kapelle

Behrens, Peter: Ein Dokument deutscher Kunst. Die Ausstellung der Künstlerkolonie in Darmstadt. Festschrift, Darmstadt 1901.

Bloomfield, Reginald/Thomas F. Inigo: The Formal Garden in England, London 1892.

Gothein, Marie Luise: Geschichte der Gartenkunst, Bd. 2, Jena 1926.

Keller, Herbert: Kleine Geschichte der Gartenkunst. 2. neubearbeitete und erweiterte Auflage, Berlin 1994.

Schneider, Uwe:: Hermann Muthesius' Vorstellungen zur Gartenarchitektur: Seine Auseinandersetzung mit dem Vorbild England. In: Die Gartenkunst, Heft 1, Worms 1998, S. 87–106.

Stadt Darmstadt (Hrsg.): Mathildenhöhe Darmstadt, 100 Jahre Planen und Bauen für die Stadtkrone 1899–1999. Bd. 1: Die Mathildenhöhe - ein Jahrhundertwerk, Darmstadt 1999.

Stadt Darmstadt (Hrsg.): Mathildenhöhe Darmstadt. 100 Jahre Planen und Bauen für die Stadtkrone 1899–1999. Bd. 2: Ernst-Ludwig-Haus - Vom Atelierhaus zum Museum Künstlerkolonie, Darmstadt 2000.

Stadt Darmstadt (Hrsg.): Die Darmstädter Mathildenhöhe. Architektur im Aufbruch zur Moderne, Darmstadt 1998.

Die Russisch-Orthodoxe Kirche in Deutschland

Seide, Georg: Die Russische Orthodoxe Kirche der Hl. Maria Magdalena auf der Mathildenhöhe in Darmstadt. Russische Orthodoxe Kirche im Ausland, München 1997.

Ders.: Die Russische Orthodoxe Kirche im Ausland unter besonderer Berücksichtigung der deutschen Diözese, Müchen 2001.

AUTOREN

Doris Fath
Jahrgang 1962. Studium der Landschaftsplanung in Berlin. Referendariat bei der Landespflege in Detmold, Nordrhein-Westfalen. 1995 Technische Leiterin und stellvertretende Amtsleiterin in den Gartenämtern Berlin-Hohenschönhausen und Berlin-Schöneberg. 1997 Amtsleiterin im Naturschutz- und Grünflächenamt in Berlin-Charlottenburg. Seit 2002 Leiterin des Grünflächen- und Umweltamtes der Stadt Darmstadt mit den Abteilungen Vivarium, Grünflächenpflege, Friedhöfe, Umwelt, Planung und Neubau sowie allgemeine Verwaltung.

Prof. Dr. phil. Eckhart G. Franz
Jahrgang 1931. 1957 Archivar am Staatsarchiv Marburg. 1971 bis 1996 Direktor des Hessischen Staatsarchivs Darmstadt. Mitglied der Hessischen Historischen Kommission. Leiter des Großherzoglichen Hessischen Familienarchivs.

Dipl.-Ing. Michael Gorachek
Jahrgang 1950, geb. in Hadamar/Limburg, russisch-orthodox, russischer Abstammung. Subdiakon der russisch-orthodoxen Kirche. Diözesanratsmitglied der deutschen Diözese von Berlin und Deutschland. Kirchenverwalter der Hl.-Maria-Magdalena-Kirche

Dr. phil. Bärbel Herbig
Jahrgang 1965. Studium der Kunstgeschichte sowie Mittleren und Neueren Geschichte in Frankfurt und Marburg. Promotion über die Darmstädter Meisterbauten. Seit 1993 Angestellte der Stadt Darmstadt, bis 1999 in der Abteilung Denkmalschutz, derzeit im Amt für Wirtschaft und Stadtentwicklung. Diverse Veröffentlichungen zur Darmstädter Baugeschichte.

Dr. phil. Inge Lorenz
Jahrgang 1953. Studium der Kunstgeschichte, Klassischen Archäologie und Neueren Deutschen Literatur in Frankfurt am Main. Promotion an der Universität des Saarlandes in Saarbrücken. 1988 bis 1995 freiberufliche Tätigkeit. Seit 1996 Mitarbeiterin der Stadtverwaltung der Wissenschaftsstadt Darmstadt, im Internationalen Musikinstituts Darmstadt (IMD), Presse- und Informationsamt, als stellvertretende Pressesprecherin und stellvertretende Amtsleiterin mit dem Schwerpunkt Kultur. Seit 2006 Kulturbeauftragte der Stadt Darmstadt.

Dr. phil. Renate Ulmer
Jahrgang 1957. Studium der Kunstgeschichte, Germanistik und Klassischen Archäologie in Karlsruhe und Heidelberg. 1982 Magisterarbeit über das Künstlerkoloniemitglied Patriz Huber. Promotion 1989 über den Expressionismus, danach Anstellung am Institut Mathildenhöhe. Seit 1998 stellvertretende Leiterin.

Dipl.-Ing. Hansjürgen Westermeyer
Jahrgang 1940. Ausbildung zum Bauzeichner. Studium an der Fachhochschule Darmstadt. Tätigkeit bei Prof. Striffler in Mannheim mit Schwerpunkt Kirchenbau. Danach Auslandstätigkeit in Malawi (Afrika) als bauleitender und planender Architekt für ein deutsches Entwicklungshilfe-Projekt. Nach der Rückkehr nach Deutschland selbstständiger Architekt. Zweitstudium an der TU Darmstadt. 1979 Diplom, Abschluss Fachrichtung Städtebau. Seit 1975 fachliche Planung und Bauleitung von über 15 Kirchenrenovierungen.

Abbildung vordere Umschlagseite außen:
Vergoldete Zwiebelkuppeln der Russischen Kapelle

Abbildung vordere Umschlagseite innen:
Ansicht der Russischen Kapelle von Südosten

Herausgegeben vom
Magistrat der Wissenschaftsstadt Darmstadt
Kulturamt
Frankfurter Straße 71
64293 Darmstadt

Abbildungsnachweis:
Sämtliche Aufnahmen Nikolaus Heiss, Darmstadt,
mit Ausnahme von
S. 9, 10, 29: Stadtarchiv Darmstadt
S. 11: R. Koch, Stadtarchiv Darmstadt
S. 15, 19: F. Backofen, Staatsarchiv Darmstadt
S. 17: E. Uhlenhuth, Staatsarchiv Darmstadt
S. 21: C.E. de Hahn, Stadtarchiv Darmstadt
S. 22: V. Walter, Stadtarchiv Bad Homburg
S. 58: Großherzogliche Privatsammlung
S. 59: Schlossmuseum Darmstadt
S. 62, 63, 64: Denkmalarchiv Stadt Darmstadt
S. 67, 68: Grünflächen- und Umweltamt Darmstadt

Lektorat, Layout und Herstellung:
Edgar Endl

Reihengestaltung:
Margret Russer, München

Lithos:
Lanarepro, Lana (Südtirol)

Druck und Bindung:
F&W Mediencenter, Kienberg

Bibliografische Information der Deutschen Nationalbibliothek
Die Deutsche Nationalbibliothekibliothek verzeichnet diese Publikation in der Deutschen Nationalbibliografie; detaillierte bibliografische Daten sind im Internet über http://dnb.d-nb.de abrufbar

ISBN 978-3-422-02067-2